나로 살 결심

개인주의자
문유석의

두번째 선택

# 나로 살 결심

문학동네

차례

프롤로그 개인주의자 선언 후, 10년 _7

## 1부 첫번째 삶과의 작별

어느 부장판사의 사표 내는 날 _17
나는, 바꿔놓고 싶었다 _23
나이브한 이상주의자 _31
참으로 무해한 돈키호테 _40
그날 나는, 완전히 붕괴되었다 _48
역시 세상에 공짜는 없었다 _63
첫번째 삶에서 배운 것들 _76

## 2부 누구나 그럴싸한 계획을 가지고 있다

인생은 실전 _87
자유는 공짜가 아니다 _95
육체가 정신을 지배한다 _102
경제적 자유 얻기1 #꿈 편 _112

경제적 자유 얻기2 #현실 편 _123

슬럼프에서 빠져나오기 _134

불안과 함께 살아가는 법 _143

일을 하지 않으면 행복할까 _152

판사라는 갑옷을 벗고 나니 _159

## 3부 매력적인 오답을 쓰는 삶

나는 왜 전업작가가 되었나 _169

내가 쓸 수 있는 이야기를 쓸 것 _180

꿈을 이루는 제3의 길 _190

불면의 밤과 역류성 식도염 _198

나는 그 이름을 기억한다 _207

판사의 일과 작가의 일 _213

내가 쓰고 싶은 것들 _222

에필로그 삶은 계속된다 _231

**일러두기**
1. 이 책에 인용된 작품 가운데 저작권이 있는 작품은 대부분 사용 허가를 받았다. 다만 저작권자와 연락이 닿지 않아 허가를 얻지 못한 일부 작품은 저작권자를 확인하는 대로 허가 절차를 밟을 예정이다.
2. 단행본 제목은 「 」로, 곡명이나 드라마, TV 프로그램, 영화의 제목은 〈 〉로 표기했다.

프롤로그

# 개인주의자 선언 후, 10년

아프리카의 세렝게티 초원에서는 해마다 약 150만 마리의 누gnu가 생존을 위한 대이동을 한다. 남쪽의 세렝게티가 건기에 접어들면 물과 신선한 풀을 찾아 북쪽 마사이마라 초원으로 약 800킬로미터의 대장정을 떠나는 것이다. 북부의 마라강을 건널 때 숱한 누가 죽는다. 강에 우글거리는 악어와 하마의 공격으로도 죽지만 가파른 강둑에서 강으로 뛰어내리면서 뒤따르는 자기 무리에게 밟히고 깔려 죽는 경우가 훨씬 많다. 그걸 알기에 누들은 강둑에서 오래 망설인다. 조금이라도 안전하게 건널 곳을 찾아 계속 달리지만 어디에도 완전히 안전한 곳은 없다. 한참을 망설이다가 결국 어느 한 마리가 강으로 뛰어내리면, 갑자기 우르르 따라 뛰어내리기 시작한다. 살기 위해 죽음 속으로 뛰어드는 것이다.

　나는 그 강둑에서 이 책의 제목을 고심했다. 놀랍게도 세렝게티 한복판에서도 인터넷은 연결되었다. 사파리 차량이 누떼를 따라 덜컹대며 비포장도로를 달리는 동안, 나는 파주에 있는 편집자에게 제안할 책 제목들을 떠올리고 있었다.

　세렝게티는 평생 꿈꾸던 여행지였다. 예닐곱 살 때부터 자연 다큐멘터리를 유독 좋아했던 나는 언젠가 저 장엄한 곳에 꼭 가보고 싶다는 소망을 품었다. 50년이 지나서야 나는 어릴 적 본 그 강둑에 설 수 있었다. 판사를 그만두고 프리랜서의 삶을 선택한 덕분이랄까. 하지만 프리랜서의 삶이란 일과 여가의 구분이 없는 삶이기도 하다. 출근도 없지만 퇴근도 없다.

　나는 북부 세렝게티행 경비행기가 뜨는 탄자니아 아루샤의 자그마한 비행장에서 와이파이 신호를 잡기 위해 노트북을 들고 이리 뛰고 저리 뛰어야만 했다. 한창 촬영중인 나의 신작 드라마 가편집본 동영상을 감독이 보내면서, 보완이 필요한 부분이 있으니 추가 신 대본을 급히 써달라고 요청했기 때문이다. 인터넷이 연결되기는 하지만 속도가 느리고 수시로 끊기는 세렝게티에서 1기가바이트의 동영상을 다운받는 것은 불가능한 일이었다. 노심초사하다가 겨우 스트리밍 링크를 받아서 가편집본을 보고는 밤새 하이에나가 바로 옆에서 울어대는 텐트형 숙소에서 가까스로 대본을 완성해 감독에게 보낼 수 있었다. 거대한 응

고롱고로 분화구가 내려다보이는 숙소에서는 이 책의 최종 파일을 받아 교정을 보았고, 누떼가 마라강을 건너는 광경을 기다리던 사파리 차량 안에서 강 너머를 힐끔거리며 편집자와 치열하게 책 제목 후보를 놓고 온라인 회의를 했다.

원래 초고 집필 당시의 제목은 '세컨드 라이프'였다. 나는 딱 맞는 제목이라고 생각했다. 23년간 판사로 살다가 전혀 다른 전업작가의 삶으로 뛰어든 이유, 그리고 그후 지금까지 5년 동안 겪은 일들과 고민, 시행착오, 배운 것에 관한 책이기 때문이다. 하지만 출판사는 다른 제목을 생각해보자고 했다. 직업을 바꾼 일 외에는 어떤 의미도 감정도 담기지 않은 텅 빈 제목 같다는 이유다. 생각해보니 맞는 말이었다. 게다가 자칫 오해의 소지도 있었다. 나 따위가 뭐라고 '문유석의 세컨드 라이프' 운운하며 무슨 대단한 삶을 사는 것처럼 과시하는 내용으로 오인될 수도 있고, 퇴사를 고민하는 이들에게 실용적인 팁을 주는 자기계발류의 책으로 보일 여지도 있다. 하지만 이 책은 결코 꿈을 좇아 희망찬 새로운 삶으로 떠나라고 권하는 장밋빛 내용이 아니다.

결국 출간을 한 달 정도 앞둔 상태에서 제목을 바꾸기로 했다. 좀더 솔직한 고민을 담은 제목을 짓고 싶었다. '선택한 불안' '불안 속에서 살아남기' '시행착오 인생' '누구나 그럴싸한 계획이 있다' 같은 제목이 떠올랐다. 쓴웃음이 났다. 솔직해지려고 애쓸수록 어딘가 부정적인 뉘앙스의 제목이 자꾸 떠올랐기 때문이다. 직업을 바꾼 후 힘들기는 힘들었나보다. 하긴 가까운 이들에게 아이디어 없냐고 물어봤을 때 나온 농담조의 제목 역시 비슷했다. 누군가 '법복을 벗고'가 어떠냐고 하자 옆에서 '벗지 말걸'이 낫겠다고 하더라. 아내는 '월급이 그립다'라는 시적인 제목을 후보로 냈다.

분명 내가 겪은 고민의 부분 부분을 보여주는 솔직한 제목들이기는 했지만, 전체를 아우르기에 적절한 것 같지는 않았다. 새로운 삶을 시작한 이후 불안에 시달리기도 했고 시행착오도 많이 겪었지만 그렇다고 결코 과거의 삶으로 돌아갈 생각도 없고, 후회하지도 않는다. 나는 내가 할 수 있는 최선의 선택을 했다. 어떤 선택을 하든 그 나름의 힘든 점이 있을 뿐 인생에는 정답도 오답도 없다. 나는 그저 행복하게 살고 싶은 사람일 뿐이다.

여기까지 생각하다가 불현듯 떠오른 제목이 '나로 살 결심'이다. 남들의 기대, 시선, 평가가 어떻든 내가 느끼는 솔직한 감정, 욕망, 행복을 좇아 살자고 마음먹고 새로운 삶을 시작했기 때문이다. 문득 박찬욱 감독의 〈헤어질 결심〉을 연상시키는 제목이라 괜찮을까 싶기도 했지만, 생각해보니 '나로 살 결심'을 한 끝에 법원과 '헤어질 결심'을 한 것 아닌가. 쉽지 않은 결심이었다. 나는 한 인터뷰에서 법원을 떠난 데 대해 '첫사랑을 잃은 느낌'이라고 표현했다. 그만큼 법원을 사랑했고 판사로서 일에 보람을 느끼고 있었다. 어린 시절의 꿈이었던 글쓰기까지 하면서 평생 '글 쓰는 판사'로 사는 것이 내 소망이었다. 비록 법원이 보수적인 조직이지만, 내가 법관으로서 지켜야 할 책임과 의무만 다한다면 가능하지 않을까 생각했다. 하지만 어리석은 꿈일 뿐이었다.

2018년 가을, 나는 양승태 사법부가 작성한 블랙리스트에 내 이름이 올라 있었다는 사실을 알게 되었다. 2014년에 세월호 특별법에 관한 글을 신문에 기고한 바 있고, 소설 『미스 함무라비』 등장인물 중에 부정적으로 묘사된 고등법원 부장판사가 있다는 것이 이유였다. 그리고 양승태 사법부에서 벌어진 이른바 '사법농단'에 관한 보도를 연일 접하며 내가 사랑했던 법원에서 이런 일들이 벌어졌다는 데 대해 하늘이 무너지는 듯한 충격을 받았다. 그래도 20년 넘게 일한 법원을 떠나는 것은 쉽지 않은 일이었다. 고민하던 중에 법원행정처에서 나를 어용연구회 회장으로 앉혀 이용하려는 계획을 검토했다는 문건까지 발견되었다. 내가 잘 아는 동료, 후배들이 만든 문건이었다. 막다른 곳이구나 싶었다.

'결심'에는 마음을 먹는다는 뜻의 '결심決心' 외에도 재판을 마무리한다는 뜻의 '결심結審'도 있다. 재판을 종결하면 더이상의 주장도, 증거도 받아들여지지 않는다. 오직 판결만 있을 뿐이다. 1년 넘게 법원에 대한 미련 때문에 고민하고 망설였지만, 이제는 결심해야 할 순간이었다. 슬프게도 더이상 법원에서 행복하지 않았다. 남은 인생은 어린 시절의 꿈인 글쓰기를 하며 온전한 한 개인으로 자유롭게 살고 싶었다. 나는 2020년 법원을 떠나 작가로서 새로운 삶을 시작했다. 변호사 등록도 하지 않았으니 법조인조차 아니다.

생각해보면 2015년에 『개인주의자 선언』이 출간되었으니 그로부터 딱 10년 만에 『나로 살 결심』이 세상에 나오게 되었다. 개인주의자로 살겠다고 '선언'씩이나 해놓고는 10년이나 걸려서 이를 실행하는 셈이랄까. 쉽지 않은 싸움이었다. 조직 속에서 개인주의자로 살아남는다는 것은. 그리고 그 싸움은 프리랜서로 산다고 하여 끝나는 것도 아니었다.

남들이 보기에는 어린 시절의 꿈을 좇아 사는 삶이 그럴듯해 보일지 모르겠지만 정작 나는 이 5년 동안 자신의 밑바닥을 확인하는 듯한 슬럼프를 여러 번 겪었다. 법원을 퇴직하던 날, 판사실로 찾아온 기자가 퇴직 이유를 묻기에 구구절절 말하기 싫어서 그냥 '여행하고 글 쓰며 살고 싶어서'라고 대답했다. 세렝게티까지 와서 매일 드라마 작업, 책 작업을 했으니 결국 그 꿈을 이룬 셈이기는 하다. 하지만 꿈이란 일단 이루어지면 또다른 현실이 되어버린다. 당장 매일매일 부딪히는 새로운 현실에

쫓기다보면 이 삶이 과거에 가슴을 설레게 했던 꿈이었다는 것조차 금세 잊어버리게 된다. 반대로 현실이 새로운 꿈이 되기도 한다. 그저 안정적이고 좋은 직업을 갖겠다는 현실적인 계산으로 힘겹게 고시 공부를 했지만, 판사로 일하면서 느낀 보람 때문에 어느새 좋은 판사가 되고 싶다는 꿈을 내가 꾸었던 것처럼. 꿈도 현실이 되고, 현실도 꿈이 된다. 결국 이 모두가 그저 살면서 거쳐가는 과정일 뿐인 것은 아닐까. 김민기가 〈봉우리〉에서 노래했듯이 말이다. 내가 오른 곳은 그저 고갯마루였을 뿐, 길은 다른 봉우리로 다시 이어진다고.

3일 동안 매일 마라 강가에서 기다렸지만 누떼는 계속 망설일 뿐 강으로 뛰어들지 않았다. 나는 끝내 누떼가 강을 건너는 모습을 보지 못했다. 당연했다. 어느 강둑 한 편 죽음이 도사리지 않은 곳은 없었다. 내가 나로 살기 위해 건넌 곳은 이곳에 비하면 시냇물은커녕 도랑조차 되지 못한다. 누떼 앞의 비탈은 가팔랐고 강 속에는 굶주린 악어떼가 가득했다. 그래도 결국 어느 날엔가 누떼는 문득 뛰어내려 강을 건널 것이다. 삶을 이어가기 위해서.

2025년 가을
문유석

## 1부

## 첫번째 삶과의 작별

왜 시작부터 첫번째 삶을 돌아보느냐고
의아해할 분들이 있을 것 같다.
이유는 간단하다.
두 삶이 연결되어 있기 때문이다.

## 어느 부장판사의
## 　　　사표 내는 날

　　두번째 삶을 꿈꾸는 직장인이라면 평소에 사직서 양식 정도는 다운로드해놓는 것이 좋겠다. 2020년 1월 어느 날, 나는 서초동이 내려다보이는 서울중앙지방법원 부장판사실에서 급하게 인터넷 검색창에 '사직서 양식'을 검색하고 있었다. 10분 안에 사직서를 들고 법원장실에 가봐야 했기 때문이다.
　　우스운 점은 그렇게 급할 이유가 전혀 없었다는 것이다. 이미 오래 고민한 끝에 법원을 떠나기로 결심한 터였다. 유감스럽게도 그다지 행복한 결심은 아니었다. 정년까지 법관으로 일할 생각을 늘 해왔기 때문이다. 나는 내게 과분한 그 일을 사랑했다. 하지만 세상일이란 마음먹은 대로 되지 않나보다. 2018년부터 불거진 법원 안팎의 여러 일로 나는 상처받고, 지쳐 있었다.

그래. 원래 백수가 천직인데 몸에 맞지 않는 옷을 참 오래도 입고 있었구나. 더 늦기 전에 온전한 나 자신으로만 살 수 있는 새 삶을 시작하겠노라 결심하고, 시간을 두고 가족들을 설득했다. 변호사는 처음부터 선택지가 아니었다. 평생의 업으로 삼아온 판사를 그만두고 전업작가로 살아가겠다고 결심한 순간, 생각할 것이 많아졌다. 나이 오십이 넘어 완전히 다른 삶을 살 수 있을까. 일하는 방식도, 함께 일할 사람들도 완전히 다른데. 무엇보다 먼저 전업작가로서 가족을 부양하며 살아남을 수 있을까.

나란 인간은 어쩔 수 없이 태생이 모범생이다. 이 온갖 고민에 대해 시험공부하듯, 사건 검토하듯 꼼꼼하게 살피고 머릿속에서 검찰측과 변호인측으로 나 자신을 분리하여 찬반토론도 시켜보고, 관련 자료도 찾아보고, 다양한 사람들에게 조언도 구했다. 그렇다. 나는 사표를 낼 모든 준비가 되어 있었다. 사직서 양식을 찾아두지 않은 것을 빼고는……

변명하자면, 내가 명예퇴직 대상자였기 때문이다. 연말이면 총무과에서 20년 이상 근무한 법관에게 '명예퇴직 신청서'를 일괄 발송한다. 명예퇴직할 생각이 있으면 신청서를 총무과에 제출해달라는 뜻이다. 퇴직을 결심한 상태에서 이 신청서를 받으니 마음의 부담이 덜어지는 느낌이었다. 왜냐하면 하얀 봉투에 '사직서'라고 비장하게 써서 가슴에 품고 법원장실을 찾아가서는, 받는 사람은 다시 생각해보라고 만류하고 내는 사람은 송구하오나 부디 받아주십사 고개를 숙이는 눈물겨운 신토불이, 너무나도 한국적인 세리머니를 생략할 수 있을 것 같아서였다. 그게 미풍양속인 것은 알겠는데 나란 인간이 원래 그런 어색한 순간에 대한 내성이 부족하다. 문 밑으로 밀어넣고 도망가는 게 속 편한 성격이다.

그런데 '명예퇴직 신청서' 양식에 빈칸을 채운 후 총무과에 메일로 제출만 하면 된다니, 이 얼마나 심플한가. 하긴 20년 넘게 했으면 그만두는 것이 전혀 이상하지 않은 일. 얼마 안 하고 중도에 사표 내는 비일상적인 경우와 달리, 장기 근무자의 명예퇴직은 통상적인 절차로 취급하는구나, 하며 나는 감탄하고 납득했다. 다만 이놈의 '명예퇴직 신청서' 양식이 무슨 보험 가입 신청서도 아니고 채워야 할 공란이 너무도 많아 투덜대긴 했다. 임용일이 언제고 최종 근무처가 어디고, 주민등록번호는…… 아니, 그건 총무과가 나보다 이미 더 잘 아는 거 아니었나. 초면도 아니고.

그러다가 '명예퇴직 사유' 칸에서 깊은 고민에 빠질 수밖에 없었다. 심지어 괄호 하고 '구체적으로 기재 바람'이라고까지 쓰여 있는 게 아닌가. 도대체 '구체적인 명예퇴직 사유'가 무엇이란 말인가. 이별하는 이유는 구체적일수록 구차해질 따름이다. 대부분의 이혼 사유가 '성격 차이'인 데는 이유가 있다.

결국 나는 '명예퇴직 사유' 칸에 이렇게 썼다.

명예롭게 퇴직하고 싶어서.

신청 기간 마지막날 오전에 명예퇴직 신청서를 총무과로 보내고는 이제 드디어 끝났구나, 씁쓸해지는 마음을 달래고 있는데, 오후 늦게 갑자기 사무실 전화기가 울렸다. 대법원 인사 부서 담당자였다. 거참 사람들 쿨하지 못하게 이미 결심한 사람 바짓가랑이를 잡고 그래. 질척대긴. 투덜대며 전화를 받은 내 귀에 들려온 말은,

"부장님, 법원장님한테 사직서는 안 내시나요?"

……나는 지금껏 이 나이를 먹고도 조국을 과소평가하고 있었다. 법적이고 행정적인 절차는 총무과에 명예퇴직 신청서 메일을 제출하는 것으로 끝나지만, 실상은 끝이 아니었다. 사표를 내기 전에 먼저 사직서를 가슴에 품고 소속 기관장을 찾아뵙고 앞서 말한 '송구하오나~'로 시작하는 세리머니를 해야 하는 것이었다. 인사 담당 부서에서는 이런 일이 처음인지 황당해하는 분위기였다. 나 자신의 부족한 사회성과 상식을 탓하며 법원장 비서관에게 전화를 걸었다. 법원장님의 바쁜 일정 사이에 서둘러 세리머니를 마치려면 10분 안에 사직서를 품고 찾아뵈어야 했다.

황급히 검색창에 '일신상의 사유로'로 시작하는 한 줄짜리

사직서 양식을 찾아 이름과 날짜를 적어넣긴 했는데, 이번엔 무슨 일인지 프린터가 먹통이다! 종이가 걸렸나 뚜껑을 열어보고, 토너가 다 됐나 체크하고, 궁극의 해결법인 껐다 켜기를 몇 번이나 반복해도 내 초라한 사표는 인쇄되지 않고 시간만 흘렀다. 혹시나 하고 다른 파일을 인쇄해보니 그건 잘되는 게 아닌가. 환장할 노릇이었다. 하늘이 나를 막는 건가, 이 무슨 리얼리티 없는 개그인가 황당해하며 오만 가지 시도를 한 끝에 겨우겨우 손에 사직서를 쥐고 시간에 맞춰 법원장실로 가 서로 뻘쭘하고 어색한 세리머니를 마칠 수 있었다.

이 모든 코미디가 끝난 후, 내 방으로 돌아와 허탈하게 앉아 있다가 문득 생각했다. 난 두번째 삶을 시작하기에 앞서, 첫번째 삶에 합당한 작별인사를 건네지도 못했구나. 그 삶을 함께한 이들에게도, 나 자신에게도.

눈을 감고 법원에서 살아온 나날의 기억을 하나하나 떠올려보았다. 기쁘고, 슬프고, 감사하고, 서운하고, 분노하고, 실망하고, 자책하고, 보람 있고, 부끄럽고…… 그 모든 감정이 내 몸을 흔들고 사라진 후 마음이 고요하게 가라앉자, 마지막에 남은 소회를 담아 동료들에게 인사를 적기 시작했다.

초임판사로 이 건물에 발을 디딘 게 엊그제 같은데 어어 하다 보니 23년이 지났네요.

여러분, 시간이 이렇게 무섭습니다.
오늘 놀 일을 내일로 미루지 마십시오.
시간의 흐름 속에 크고 작은 일들은 다 흘러가고 남는 건
사람들과 함께한 기억뿐인 것 같습니다.
저는 전생에 법원을 구한 건지 어느 한 해도 예외 없이
좋으신 부장님, 배석판사님, 참여관님, 실무관님, 부속실 행정
관님, 경위님, 속기사님들과 함께 일하는 행복을 누렸습니다.
확률의 법칙상 말이 안 된다 싶어 미운 얼굴을 한 명쯤
떠올리려 애써보아도 없네요.
여러분 덕분에 지나치게 개인주의적이고 공명심도 많은,
부족하고 흠 많은 제가 23년이나 일할 수 있었던 것 같습니다.
고맙습니다.
부디 건강하십시오.

문유석 올림

 그리고 비로소 나의 두번째 삶이 시작되었다.

# 나는,
## 바꿔놓고 싶었다

    왜 시작부터 첫번째 삶을 돌아보느냐고 의아해할 분들이 있을 것 같다. 이유는 간단하다. 두 삶이 연결되어 있기 때문이다. 첫번째 삶에서 고민하고 경험한 것들이 두번째 삶의 재료가 되었다. 작가로서 내가 써온, 그리고 앞으로 쓸 글들의 씨앗은 대부분 첫번째 삶 안에 있다. 개인적으로는, 첫번째 삶을 글로 정리하여 마무리하고 두번째 삶에만 충실하고 싶다는 욕망도 있다. 그런 점에서 이 책의 1부는 내 첫번째 삶에 대한 작별인사이기도 하다.

    이미 내 안에서 작별이 이루어진 줄 알았다. 솔직히 내가 언제 판사를 했었나 싶다. 머릿속에 온통 드라마 관련 일만 가득하다. 차기작, 차차기작 작업에 대한 생각, 신인작가들 입봉시킬 계획, 작가회사를 키워나갈 방향 등등. 마치 태어나면서부터 콘텐츠업계 사람이었던 것 같다. 잠깐 떠올려보니 요즘 주로 만나는 이들 중 3분의 2는 콘텐츠업계 사람들이고, 나머지는 고등학교 친구나 선후배 등 오랜 지인들이다. 법조계 사람들과 만나는 일은 손에 꼽을 정도. 그런데 예상치 못한 순간에 잊고 지내던 첫번째 삶의 기억을 환기하게 되는 일이 생긴다.

한 법조인 모임에 강연차 갔다가 오랜만에 예전 동료와 선후배들을 만나 반가웠던 기억이 있다. 부장판사 시절 배석판사로 함께 일한 판사님이 세 분이나 있었다. 법원행정처에 근무하던 시절 동료들도 여럿 마주쳤고, 인천지법에서 함께 독서모임을 했던 판사님과도 반갑게 인사했고, 합창단을 같이 했던 판사님도 만났다. 잠시 잊고 살았던 23년이라는 시간이 한순간에 되살아난 듯 감회가 새로웠다.

어떻게 생각하면, 두번째 삶을 사는 일의 장점 중 하나는 첫번째 삶을 객관적으로 돌아보는 '거리 두기'가 가능하다는 것 아닐까. 그 삶의 한가운데에 있을 때는 객관적일 수 없기에.

사실 그만두기 1년 전까지만 해도 정년까지 법관직에 종사하는 것이 너무나 당연한 인생 목표였다. 그렇기 때문에 어린 시절 꿈인 글쓰기와 법관직 수행을 병행하고자 더더욱 많은 노력을 기울였다. 글쓰기가 재판 업무에 조금이라도 지장을 주지 않도록 사건처리율 및 처리속도가 항상 소속 법원의 평균보다 높도록 애쓰고, 글은 여가시간을 이용해서 쓰고, 정치적 중립 의무를 위반하지 않도록 주의하는 등등. 물론 법원처럼 엄청나게 보수적인 조직에서 전례없는 '글 쓰는 판사'로 살아간다는 것은, 이른바 '출세'는 포기하겠다는 의사표명이기도 했다. 그런데 나는 평생 판사로 일할 수 있다는 사실만으로도 과분하다고 생각했기에 아무런 아쉬움이 없었다. 진심이었다.

나는 왜 그렇게까지 판사라는 직업에 높은 가치를 부여했던 걸까. 법원에 있을 때는 너무나 당연했기에 스스로에게 물어본 적도 없는 질문이다. 이제 비로소 과거의 나 자신을 조금은 객관적으로 돌아볼 수 있을 것 같다.

물론 가장 큰 이유는 판사의 일이 주는 보람 때문이다. 실제로 재판을 해보니 나의 결정 하나하나가 재판받는 사람들과 그 가족들에게 얼마나 큰 영향을 미치는지 체감할 수 있었다. 또 재판을 받는 당사자들뿐 아니라, 그와 유사한 경우에 처한 사람들에게도 선례로 작용하지 않던가. 자리가 사람을 만든다고, 누구든 판사나 의사나 소방대원, 즉 누군가의 삶이나 생명과 관련된 직업을 가지면 책임감을 느끼지 않을 도리가 없다.

이런 종류의 일이 지닌 장점은 내 일이 가치 있는가를 두고 고민할 필요가 없다는 점이다. 맡은 바를 잘해내기만 하면 사회적으로도 유의미한 일을 한 셈이다. 월급 꼬박꼬박 받으면서 직업상 요구되는 당연한 업무를 수행하는 것만으로도 의미 있는 일, 누군가에게 도움이 되는 일을 하며 살아갈 수 있다. 자신의 직장이나 직업에 회의를 느끼면서도 그저 먹고살고자 마지못해 일하는 이들이 얼마나 많은지 떠올려보면 판사, 의사, 소방대원 등은 엄청나게 보람찬 직업이다. 아무리 이기심이 인간의 본능이라지만 인간은 사회적 동물이다. 사회적으로 유의미한 일을 하고 있다는 자기만족감은 행복도를 높인다.

그런데, 그게 전부였을까. 과연 사람들은 오직 보람 때문에 판검사가 되고자 목숨걸고 고시공부를 했던 걸까. 나는 어땠나? 솔직해지자. 판검사는 다른 직업에 비해 상대적으로 과분한 존중을 받는다. 내가 인상적으로 기억하는 일이 한 가지 있다. 10여 년 전, 30대 때 국회의장 공관 만찬에 참석한 적이 있다. 하버드 로스쿨에서 연수를 마친 동년배 젊은 법조인 몇 명과 함께였는데, 산전수전 다 겪은 노회한 정치인인 고령의 국회의장이 의자에 기대어 반쯤 누운 자세로 고개를 끄덕이며 참석자들의 자기소개를 듣고 있었다. 상대가 자식뻘이니 친근하게 반말 조로 한마디씩 던지면서. 주로 대형로펌 변호사들과 주요 로스쿨 교수들이 자리한 그곳에서, 내 차례가 되어 서울중앙지법에 근무한다고 인사를 올리자, 국회의장이 곧바로 자세를 고쳐 앉고는 "아, 판사님이세요?" 하며 존대하는 게 아닌가.

시험 한번 잘 보면 판사가 될 수 있던 1990년대에 판사가 된 덕에 나는 어리디어린 20대 때부터 이런 경험을 수도 없이

했다. 1980년대까지는 판사들이 고위직 공무원에게 존칭으로 쓰던 '영감님' 소리까지 들었다고 하는데, 그 정도는 아니지만 초임판사 때부터 어딜 가든 어린 나이와 설익은 인격에 걸맞지 않게도 극존칭으로 불리며 과분한 예우를 받곤 했다.

재미있는 부분은 같이 법대를 나온 친구들도 판사와 검사로 길이 달라지고 나면 성격도 달라진다는 점이다. 당시 검사들은 하다못해 고깃집만 가더라도 꼭 하는 말이 있었다. "사장 나와보라 그래." 고깃집 갔으면 고기만 먹으면 됐지 왜 굳이 사장을 보려고 하나, 그리고 왜 굳이 사장한테 자기 소속을 밝히는 건가, 검찰청에는 엄격하고도 투명한 자기소개 규정이라도 있는 건가 하고 의아해했던 기억이 있다.

반대로 판사들은 언더커버 요원이라도 된 듯 직업을 최대한 감추는 버릇이 생긴다. 검사들처럼 당당하게 자기 직업을 드러내지 않고 '법원'을 '회사'라 칭하고, 골프 프로도 아니면서 서로를 '프로'라 부르며, 검사들의 "사장 나와보라 그래" 스타일에 대해 점잖지 못하다면서 혀를 차곤 한다. 하지만 자기 입으로 말하지 않을 뿐, 알아서 잘 모셔주면 매우 흐뭇해한다. 누군가 티나지 않게, 부담스럽지 않게 사장 귓가에 "저분 사실 판사님이셔. 잘 좀 해드려" 소곤소곤해서 서비스 반찬이라도 더 나오면 굳이 마다하지 않는 것이다.

사회생활을 판사로 시작한 나는 세상 사람들이 원래 다 친절하고 나이스한 줄 알았다. 고깃집 사장이든 재벌 회장이든 국회의장이든, 나이 어린 판사를 결코 하대하거나 무시하지 않았고 세상 그렇게 젠틀할 수가 없었다. 법 외에는 별로 아는 것이 없는데도 내가 말하면 세상 경험이 훨씬 많은 이들이 경청했고, 앞다투어 명함을 건네며 다음에 또 만나기를 청하고는 했다. 이런 상황을 반복적으로 겪으면서 나는 내가 굉장히 인간적으로 매력 넘치고 재미있는 사람이구나, 라는 합리적인 추론을 하게 되었다. 그러니 다들 날 좋아하고 나와 좋은 관계를 맺고 싶어하지. 하아, 나란 남자. 어쩌지, 널?

어쩌긴 뭘 어째. 정신 차리라고 뒤통수나 한 대 후려쳐줘야지. 명색이 남 잘잘못 판단한다는 사람이 주제 파악을 못하고 스스로 잘나서 사람들이 오냐오냐해주는 줄 아는 것이다. 그리고 자기에게 잘하는 사람들은 천성이 선한 사람들이라고 믿는다. 그러다가 그 사람들이 직원들을 쥐 잡듯 잡으며 갑질하더라는 이야기를 들으면 '아니 그분이 그러실 분이 아닌데?' 당혹해한다. 아아, 인간이란 얼마나 상투적으로 어리석은가.

신임 법관 연수 때 강의를 맡게 되면 꼭 이 얘기를 했다.

앞으로 여러분이 만나는 사람들 대다수는 여러분에게 잘해줄 겁니다. 그건 여러분이 훌륭한 인간이어서가 아니라 유사시에 쓸모 있는 보험이기 때문입니다. 고깃집 사장이든 재벌 회장이든 대통령이든 본인 또는 일가친척 중 누구 하나라도 살면서 한 번쯤(때로는 여러 번) 법정에 서고 구속당할 처지에 놓일 위험이 있기에 판사들과 좋은 관계를 맺고 싶어하는 겁니다. 그리고 여러분보다 훨씬 고단수인 그들은 여러분의 심적 부담까지 고려해서 '아무 조건 없이' '인간적으로' 친분을 유지하고 싶어한다는 인상을 심어줄 것입니다. 그리고 여러분은 쉽게 그런 착각에 빠지게 됩니다. 그것은 순진해서라기보다, 그렇게 믿는 것이 여러분 자신에게 유리하기 때문입니다.

냉정하게 돌이켜보면 내가 판사라는 직업에 대해 느꼈던 무거운 책임감, 사명감, 내가 최선을 다해 일하면 누군가의 삶에 좋은 영향을 미친다는 보람과, 남들이 나를 지나치게 중요한 사람인 듯이 존중해주고 예우해주는 데에서 오는 뿌듯함은 동전의 양면 같은 것이었다. 물론 이 두 가지가 긍정적인 상승작용을 할 수도 있다. 후자 때문에 마음이 우쭐해져 더더욱 의욕적으로 전자에 충실한 삶을 산다면 그리 나쁠 것도 없긴 하다. 난 어땠을까. 그랬다고 믿고 싶긴 한데 인간은 항상 자기에게 유리하도록 기억을 재편집하기 때문에 자신은 없다. 반대로 전자는 소홀히 하고 후자만 즐기며 스스로를 어화둥둥 과대포장했을 수도 있다. 맡은 '일'이 중요하다고 해서 그걸 하는 '사람' 자체가 중요한 건 아닌데, 난 내가 대단히 중요한 사람이라고 착각하며 살았던 것은 아닐까. 그럴지도 모르겠다. 왜냐면 젊은 판사 시절의 나는, 실은 상당히 거창한 꿈을 품고 있었기 때문이다. 이제 와서 글로 적자니 손발이 오그라들고 부끄러워지지만, 아이고, 나이 오십 넘어서 창피할 건 또 뭔가 싶기도 해서 고백하노니,

나는 법원을 바꿔놓고 싶었다. 그리하여, 우리 사회를 바꿔놓고 싶었다.

# 나이브한 이상주의자

나는 좋은 판사가 되고 싶었다. 그건 진심이었다.

그런데 그때의 나를 지금 시점에서 드라마 캐릭터 보듯이 관찰해보면 생략된 말이 조금 있다.

나는 (너무 큰 희생까지는 안 하는 범위 내에서) 좋은 판사가 되고 싶었다. 이타심이나 멸사봉공의 공직자 윤리의식 때문이 아니라 자기만족 때문이었다.

어릴 적부터 온갖 소설, 만화, 영화, 음악에 빠져 살아온 '덕후'가 '판사'라는 캐릭터를 맡은 거다. 원래 거창한 윤리의식, 사명감, 희생정신 같은 것과 거리가 먼 극도의 개인주의, 쾌락주의 성향의 덕후가 공부 하나 잘해서 20대에 판사가 되니 당연히 우쭐하기도 했지만, 동시에 이것만은 하지 말아야지 마음먹은 것들도 있었다.

책에 나오는 뻔한 악당, 뻔한 기득권자, 뻔한 위선자는 되지 말자. 개천에서 용 나서 고시 합격하고는, 윗사람한테 아부하고 출세를 위해 아등바등하면서 강자 편에만 서는 오만한 엘리트? 그건 소설, 영화, 드라마, 만화에서 천 번은 본 것 같은 전형적인 판검사 캐릭터 클리셰였다. 덕후의 자존심이 있지, 한 번 사는 인생 그렇게 촌스럽게 살고 싶진 않았다. 내가 이래 봬도 소싯적부터 순정만화로 프랑스혁명을 공부하고 할리우드 영화로 헌법정신을 배운 사람이야. 이건 거창한 윤리·도덕적 결단이라기보다 미학의 문제, 취향의 문제였다.

그렇다고 고故 조영래 변호사처럼 평생 사회적 약자를 위해 희생하고 헌신하는 인권변호사가 될 그릇은 애초에 못 되었다. 난 세상에서 노는 게 제일 좋고, 이기심과 쾌락주의가 95퍼센트인데 본의 아니게 가끔 울컥하는 (책으로 배운) 정의감 5퍼센트가 발동하는 인간임을 매우 정확히 알고 있었다. 사람은 생긴 대로 살아야지 무리하면 동티가 나는 법이다. 첫 책 『판사유감』부터 내가 이런 인간임을 굳이 밝히고 시작한 것 역시 개인주의자의 소심한 자기방어였다. 훌륭한 사람인 척 과장광고한 바 없으니 괜히 기대하고는 나중에 실망이야 어쩌고 하며 돌 던지지 마시라는 뜻이랄까.

난 할리우드 영화에 밤낮 나오는, 윤리에는 그닥 관심 없어

보이지만 직업윤리에는 충실하고, 잘 놀고 쿨하지만 자기 일 잘하고 나이스한(톰 크루즈나 톰 행크스 등 톰 아저씨들이 주로 연기하는, 기득권 백인 남성의 한계라고 욕먹기도 하는 바로 그) 법조인 정도가 되고 싶었다. 교외 멋진 주택에서 사랑하는 가족과 강아지 키우며 잘 먹고 잘살지만 쪽팔린 짓은 안 하며 사는, 인생에 한 번 용기 낼 때는 용기 내는('한 번'이 핵심이다) 캐릭터 말이다. 이 또한 클리셰 중의 클리셰지만, 기왕 하려면 주인공 캐릭터 클리셰를 해야지 뻔한 빌런을 할 필요는 없지 않나. 그렇다고 독립영화, 예술영화에나 나오는 독특한 캐릭터를 하는 건 춥고 배고프고 외롭잖아.

자, 그렇다면 뭘 그렇게 법원을 바꿔놓고 싶고 그리하여 대한민국을 바꿔놓고 싶었냐고? 숫자 세 개로 간략히 대답할 수 있다. 나는 1969년생, 88학번이고 1997년에 판사가 된 사람이다. 전두환 시대에 중고교 시절을 보냈고 YS 말기 IMF사태가 터질 때 사회생활을 시작했다는 소리다. 그 당시의 대한민국은 개발도상국이었다. 지금의 선진국 대한민국과는 아예 다른 나라였다. '뉴진스'와 '국보자매'만큼이나.

당시 나는 우리 사회가 전근대적이고 비합리적이고 온통 권위주의와 집단주의에 사로잡혀 있으며 시스템보다 음험한 거래와 이권에 따라 움직인다 생각하면서 그 촌스러움에 치를 떨고 있었다. 그리고 내가 언제나 동경해왔던 (책으로 배운) 미국식 법치주의, 자유주의, 다원주의, 인도주의, 세련된 세속주의가 자리 잡기를 열망했다(그로부터 24년이 지나 트럼프 지지자들이 대선에 불복하여 물소뿔 모자를 쓴 채 의회를 습격하고, 히피즘의 성지 샌프란시스코 도심에서 상점들이 백주에 약탈당하고, 도시마다 펜타닐 중독자들이 좀비처럼 꺾인 허리로 흔들거리고 있을 줄은 미처 알지 못했다……).

게다가 당시의 나는 꽤나 시건방진 녀석이었다. 본디 기성 질서의 권위를 전혀 인정하지 않는 성향에다가, 나름대로 성장기에 풍파 많고 가난한 환경에서 자랐다는 이유로 오히려 과한 자신감에 차 있었다. 엘리트 그룹 내에는 유복한 환경에서 엄마 치맛바람과 고액 과외로 만들어진 것처럼 보이는 이들이 많기 마련인데, 나는 그들에게 참 감사했다. 내가 마음만 먹으면 다 제칠 수 있는 온실 속 화초들로 보여서.

젊음이란 참 단순해서 세상을 쉽게, 선명하게 규정한다. 그때의 내 생각은 이랬다. 출세하겠다는 야망, 윗사람들에게 잘 보이겠다는 욕망만 포기하면 헌법상 판사는 '언터처블'이다. 판사인 것만으로도 충분히 감지덕지다. 어차피 더 고위직으로 올라간다고 연봉 차이가 큰 것도 아니고 일이 적어지는 것도 아니다(나는 젊을 때부터 매우 실리적이었다). 전관예우 문제에 대해서도 애초에 선배를 그닥 존경하지 않는데다가 혈연, 학연, 지연은 고사하고 인생이란 열 명 미만의 사람하고 살아가는 것이라고 생각하는 극도의 개인주의 성향이라 누가 부탁하든 콧방귀도 안 뀔 자신이 있었다(실제로 그랬다. 매몰찬 인간 같으니).

바로 그런 개인주의 성향 탓에 변호사를 할 생각도 없었다. 그러니 개업할 경우에 대비해서 누구한테 잘해주며 인맥을 쌓을 필요도 없었다. 그렇다고 군사독재 시절처럼 군인들이 법원에 난입하고 판사를 협박하는 시대도 아니니 무서울 것이 없지 않나. 업무 자체에 대해서도 당시 나는 재판을 수학처럼 정답이 있는 문제풀이로 보았다. 법이라는 채점기준이 있지 않나. 윗사람의 압력이니 전관예우니 신경쓰지 않고 내가 최선을 다해서 문제를 풀기만 하면 정답을 맞힐 수 있다고 생각했다.

세상이 그렇게 단순했으면 참 좋았을 텐데……

여하튼 그런 마음으로 판사생활을 희망차게 시작한 나는 아주 가끔은 치기어린 짓을 벌이기도 했다. 예를 들자면 신임 대법원장이 다소 강압적인 언행으로 일선 법관들에게 불만을 사던 중, 민심을 듣겠다며 젊은 법관들과 간담회를 개최한 일이 있다. 나는 그 자리에서 대법원장에게 "이 자리에서만은 계급장 떼고 같은 판사로서 토론했으면 좋겠습니다"라고 말했다. 어이없다는 듯 씨익 웃더니 돌아온 대답은 "계급장은, 못 떼겠는디?"였다.

역시 아무나 대법원장 하는 거 아니다. 고단수였다.

시민사회의 사법 불신에 관한 대책을 논의하는 법원 내부 토론회 자리에서 손을 들고 일어나 "강한 자에게 강하고, 약한 자에게 약한 법원이 되어야 시민들의 신뢰를 받을 수 있습니다!"라고 발언한 적도 있다. 나중에 드라마 〈미스 함무라비〉에도 이런 장면을 넣었다. '박차오름(고아라 분)'처럼 당시의 젊은 나 역시 신념에 차서 한 말이었다. 하지만 더 곱씹어봐야 할 것은 내 말이 아니라 토론회 사회를 보던 고참 부장판사가 독백하듯 흘린 한마디였다. "그렇군요…… 그런데 무엇이 강하고 무엇이 약한 걸까요?" 이 말은 그뒤 법원생활 내내 나의 화두가 되기도 했다.

그때의 나는 나이브한 이상주의자였다. 젊은이들이 흔히 그렇듯이. 동시에 나는 법원이라는 조직을 사랑했다. 어디나 이상한 사람들은 있기 마련이지만 상대적으로 '나이스한' 사람의 비율이 이보다 더 높은 곳이 대한민국에 있을까 생각하곤 했다. 머리 좋고, 열심히 일하고, 남한테 폐 안 끼치고, 촌스럽게 유세 부리지도 않고, 예의바른 사람들이었다.

나는 기본적으로 엘리트를 좋아한다. 스포츠카처럼 액셀에 발만 갖다대도 총알처럼 튀어나가는 사람들. 그런 동료들과 문제해결을 위해 토론하면 신명이 난다. 나는 무척이나 성미가 급하고 한번 아이디어가 떠오르기 시작하면 걷잡을 수 없이 생각이 마구 뻗어나가는 타입이다. 그럴 때면 약간 조증에 가깝다. 상대방이 이해할 때까지 찬찬히 몇 번이고 다시 설명하며 응답을 기다리다보면 힘들 때가 많다. 그런데 판사들과 일할 때는 상대를 배려할 필요가 없다. 생각나는 대로 마구 던져도 찰떡같이 알아듣고 바로 피드백이 온다. 티키타카가 되는 것이다.

　법과 판례, 이론이라는 합의된 기준을 사건에 적용해서 결론을 도출하는 과정이기에 쓸데없는 자존심 싸움이나 감정 소모도 없다. 한참 토론하다가 상대방 논리에 설득되면 "아, 그럼 나도 그 결론에 동의" 하며 입장을 바꾸는 데 서슴없다. 매주 수십 건의 어려운 사건들을 재판하는 상황에서 빠르고 정확한 결론 도출이 먼저지, 자기존재감 확인이나 자존심 싸움 따위는 사치인 것이다. 별것 아닌 듯하지만 한국사회에서 이런 협업이 가능한 집단이 그다지 많지 않은 게 현실이다. 이 부분이 참 좋았다. 나는 '가차없는 실용주의'가 참 좋다.

　더구나 내가 초임 때 근무했던 서울중앙지방법원과 서울행정법원은 판사들 중에도 성적 최상위권자들이 배치되는 곳. 매일 야근하느라 판사실로 짜장면이나 육개장을 시켜 먹으며 각자의 무용담을 듣곤 했는데 무협소설 같았다. 원고가 5천 명, 사건 기록만 캐비닛에 한가득한 사건을 며칠 밤을 새우며 완벽하게 정리해서 100쪽짜리 판결문을 작성한 동료, 공해 사건을 맡아 생전 처음 보는 화학 논문들을 공부해가며 불과 두어 달 만에 해당 분야 교수들과 토론 가능한 수준까지 지식을 끌어올린 동료. 적은 인력으로 과중한 업무를 빠른 시간 내에 해내야 하는 '하면 된다'식 사법 시스템이기에 이런 미션 임파서블이 일상적으로 요구되었다. 말도 안 되는 일들이지만 그걸 초스피드로 어떻게든 해내는 사람들이 내 동료들이었다. 거의 종교적인 마음가짐으로 재판에 임하는 선배들도 있었다. 건강을 해쳐가면서 말 그대로 목숨걸고 재판하는 이들이었다. 나는 그들을 신뢰했고, 내가 그들 중 하나라는 사실에 자부심을 느꼈다.

게다가 운좋게도 나는 초임 때부터 10년간 과분할 정도로 조직의 인정과 사랑을 받았다. 서울행정법원, 서울중앙지법 파산부같이 전국적으로 중요한 사건들을 다루는 부서에 연이어 배치되었고, 한 기수에 단 한 명만 보내주는 하버드 로스쿨 석사학위LLM 과정 연수도 다녀왔다. UN 산하 국제상거래법위원회 UNCITRAL 도산법 개정회의에 한국 대표단의 일원으로 파견되기도 했다. 이른바 출세 코스를 달린 셈이다.

요약해보자. 전근대적인 한국식 집단주의, 권위주의를 혐오하고 서구식 합리주의, 자유주의, 다원주의를 동경하며, 동시에 법원조직을 신뢰하고 사랑했던 당시의 나는, 법원을 '안에서' 바꾸고 싶어하는 나이브한 이상주의자였다. 나는 자기 일에 성실한 엘리트집단의 자정능력을 신뢰했다. 시스템을 신뢰했다. 한국사회의 변화 방향을 신뢰했다. 나는 전두환 시대에 사춘기를 보내고 민주화와 동시에 대학생활을 맞았으며 김대중, 노무현 두 대통령 시대에 법관생활 첫 10년을 보냈다. 분명히 한국사회는 권위주의 시대를 벗어나 합리주의, 자유주의, 다원주의의 방향으로 걸음을 내딛고 있었고, 2002년 월드컵은 우리 사회의 자신감과 낙관주의를 자축하는 축제 같았다. 나는 그 시기에 법관 생활 초반부를 보낸 것이다.

하지만 진실의 순간은 곧 찾아왔다. 나는 대법원 법원행정처에 발령받았다. 2008년, 이명박 대통령이 취임하던 해에.

## 참으로 무해한
## 돈키호테

    법원행정처는 말하자면 대통령 비서실이나 재벌그룹의 기획전략실 같은 곳이다. 사법부의 인사·재정·기획·정책·대외업무를 총괄한다. 비단 법원조직 내부의 일만 하는 것이 아니다. 우리나라는 법원과 검찰이 입법까지 주도할 때가 많고, 특히 사법제도와 관련한 부분은 법원이 최고의 전문성을 갖고 있기에 법안을 마련한 뒤 국회를 설득하여 의원 입법 등으로 통과시키곤 한다. 바로 이런 일을 담당하는 곳이 법원행정처다.

    오랜 군사독재 시절에는 검찰 권력이 법원을 압도했지만, 시민들의 힘으로 민주화를 쟁취한 이후부터는 정부가 주도하는 사법개혁추진위원회에 법원이 참여하여 굵직굵직한 개혁입법들이 연이어 이루어졌다. 민주화 이후 1993년부터 2008년, 즉 YS·DJ

·노무현 정권에 이르는 15년 동안 도입된 영장실질심사제도, 국민참여재판제도, 변호사 증원을 위한 로스쿨제도, 공판중심주의를 강화하는 형사소송법 개정 등이 그 예다. 이 시기의 법원행정처는 기득권을 빼앗기는 검찰과 날카롭게 대립하면서 개혁입법의 실무 작업을 주도하고 있었다. 사법농단 사태의 주범으로 전락한 이후의 위상과는 사뭇 다른 상황이었다.

내가 대법원 법원행정처에 발령된 당시, 사법부의 수장은 노무현 대통령이 임명한 대법원장이었다. 유신 시절과 5공 시절, 시국 사건 피고인에게 중형을 선고하라는 상부의 지시에 반하여 상대적으로 관대한 처분을 했다가 형사재판에서 배제된 전력을 가진, 소신 있는 인물이었다. 대법원장이 된 후에도 과거 검찰 조서에만 의지해서 유죄를 남발하던 서류재판을, 법정 공방을 통하여 심증을 형성하는 공판중심주의 재판으로 개혁해야 한다며 "수사 기록을 집어던져라. 검사들이 밀실에서 받은 조서가 공개 법정의 진술보다 우위에 설 수 없다" "변호사들이 내는 자료라는 게 상대방을 속이려는 문건이 대부분이다" 등의 강한 언사로 검찰과 변호사협회의 극심한 반발을 부르기도 했다. 계급장 떼고 토론하자는 나의 발언에 "계급장은, 못 떼겄는디?"라고 응수했던 바로 그 대법원장이다.

지금과 달리 법원행정처, 대법원이 사법개혁의 한 축인 시기에, 제대로 된 재판제도를 구현하겠다는 강력한 의지를 가진

꼬장꼬장한 보스 밑에서 일하게 된 것이다. 그리고 당시 이루어진 사법개혁은 요약하자면 일제 및 군사독재 시절 형성된 검찰 우위, 공권력 우위의 사법제도를 청산하고 미국식 사법제도를 대폭 도입하는 것이었다. 후진국형 사법제도를 벗어던지고 내가 할리우드 법정영화를 보며 그토록 동경했던 미국식 사법 시스템을 구현하는 일이라니, 가슴이 부풀 수밖에 없었다.

법원행정처 발령 첫날, 정의의 여신상이 엄숙하게 내려다보고 역대 대법원장 초상화가 걸린 대법원 메인홀을 향해 긴 계단을 걸어올라가던 순간의 심정이 지금도 기억난다. 법원을 바꿔놓고 싶다는 꿈을 실현할 기회였다. 존경할 만한 보스가 있고 탁월한 선배들이 있었다. 당시 법원행정처 간부들은 노무현 대통령 시기 굵직한 사법개혁 작업을 성공적으로 추진했던 엘리트들이었다. 함께 일할 젊은 동료들 역시 각 기수에서 유명한 재주꾼들이고 대부분 친분이 있었다. 나는 좋아하던 미드 〈웨스트 윙〉을 떠올렸다. 경제학자 출신으로 지식과 인품을 겸비한 대통령을 보좌하며 좋은 정치를 구현하려 분투하는 백악관 참모들 이야기다. 나는 좋은 참모가 되고 싶었다. 윗분들에게 쓴소리도 서슴지 않는 것, 법원에 시민들이 가진 불만을 가감 없이 전달하는 것이 내 역할이라고 생각했다. 뭐, 나란 인간이 언제나 그랬듯이 '아부 따위 하지 않고 사심 없이 직언하는 멋진 나'에 취해 있었던 거겠지. 생각해보면 난 항상 만화나 영화 주인공 캐릭터를 코스프레하면서 살았던 것 같다. 이야기 중독자라서 의식하지 않아도 나를 주인공으로 한 이야기가 절로 머릿속에 상영되는 것이다.

나는 내 〈웨스트 윙〉 캐릭터에 충실했다. 지금 생각해보면 이불킥 할 일들이다. 남들은 선배들 눈도 똑바로 못 보는 시기에 난 무려 법원행정처 차장, 기획조정실장, 사법정책실장 같은 어마어마한 고위직 간부까지 포함하여 행정처 전체 메일링 리스트를 만든 후 그들이 보았으면 하는 기사나 자료들을 수시로 전체 메일로 보냈다. 당시 한창 각광받기 시작한 구글, 페이스북 등 기업의 자유롭고 창의적인 조직문화를 소개하는 기사나 경영학 자료, 삼성경제연구소가 분석하는 인구구조 변화와 새로운 세대의 가치관 변화 자료, 시민사회가 법원에 특히 분노하는 사례들(성폭력, 재벌 범죄 등에서 솜방망이 처벌 같은)이었다. 나는 특히 법원의 권위적이고 관료적인 조직문화가 자칫 상명하복식 업무 관행으로 이어져, 재판의 독립성을 침해할 수 있다는 문제의식이 강했기에 조직문화 개선과 관련한 의견을 많이 냈다. 당시 윗사람에게 묵묵히 순종하기를 요구하는 법원의 경직된 조직문화를 강력히 비판하는 김두식 교수의 『불멸의 신성가족』을 읽고 감명받은 나머지, 사비로 이 책을 잔뜩 구입해 행정처 내부에 돌리기도 했다.

내가 대단히 유의미한 일을 하고 있는 줄 알았다…… 그런데 『불멸의 신성가족』을 돌린 후 유일한 반응은 이거였다. "잘 읽었어. 근데 이 책 쓴 사람, 왜 이렇게 세상 보는 게 삐딱해? 일선 순시 온 법원장 모시고 등산 행사 하면서 해당 지역 지원장이 지역 특산 해산물을 등에 잔뜩 지고 올라가 정상에서 막걸리 한 잔 한 걸 무슨 엄청 아부한 사례처럼 써놓았던데, 그게 다 사람 사는 정이지 꼭 그렇게 삐딱하게 볼 일인가?"

그 또한 일리 없는 이야기는 아니다. 그게 한국 스타일이니까. 그나마 그렇게 솔직하게 반응해준 선배가 딱 한 명 있었고 나머지는 젠틀하게 웃으며 아무 반응도 보이지 않더라. 내가 스팸 메일처럼 보내는 다른 자료들, 다른 제안들에 대해서도 특별한 피드백은 받지 못했다. 이제는 안다. 그들 눈에 내가 얼마나 우스웠을까. 자기가 대단히 잘난 줄 알고 날뛰는 나이브한 햇병아리 참모가.

내가 얼마나 돈키호테 같은 짓거리를 하고 있었는지는 곧 알게 되었다. 간부들도 참석하는 큰 회식 자리였다. 선배 한 명이 대화를 주도하는데 자꾸만 "어른께서" "어른을 잘 보필해야"라는 식으로 말을 하는 것이었다. 맥락상 '어른'이란 대법원장을 지칭한다. 대통령을 지칭할 때 'VIP'라고 하는 것과 비슷하달까? 그런데 철없는 나는 그게 영 듣기 싫었고 그걸 굳이 또 얘기했다. 정색까지는 하지 않고 픽 웃으며 "에이, 어른은 저도 어른이고 여기 다들 어른인데 어른 말고 그냥 대법원장님, 그러는 게

낫지 않아요?" 초임판사 때도 배석판사들 모임에서 자꾸 "너 어느 부장님 모셔?" 그러기에 "모시긴 누굴 모셔. 나 ○○ 부장님이랑 '같이' 일해"라고 하던 게 나다. 동료 배석판사들이야 픽 웃고 지나갔지만, 행정처 회식에서는 순간 정적이 1초, 지나갔다.

그렇다고 촌스럽게 빽 소리를 지르거나 야단치는 선배는 없었다. 역시 엘리트들은 항상 나이스하다. 단지 술 못 먹는 나에게 폭탄주 건배 제의가 쇄도했을 뿐이다. 화장실에서 몇 번이나 속을 게우고 비틀거리며 겨우 몸을 가눈 내게 술이 거나하게 취한 덩치 큰 고위직 간부가 다가와 등을 툭 치며 말했다. "야, 문유석이! 너 똘똘하다고 소문났더라야. 나랑 러브샷 한잔 해, 인마!"

나는 겨우 일어나 그와 팔을 걸고 가득 채운 폭탄주를 힘겹게 원샷했다. 껄껄껄 웃던 그는 갑자기 내 양볼을 붙잡고는 입을 맞추었다. 판사들로 가득찬 노래방 룸 한가운데서.

"숨겨왔던 나~의 수줍은~" 뭐 이런 배경음악이 깔릴 모멘트인데 현실은 엽기 공포물에 가까웠다. 얼굴이 내 두 배는 되어 보이고 술로 벌겋게 달아오른데다가 입냄새 나는 거구의 중년 아저씨 입술이 덮쳐오는데, 와! 이건 정말 영화 〈에일리언〉에서 촉수가 슉 뻗어나오는 장면 못지않은 공포였다.

더 큰 충격은 그 깔끔한 엘리트들이 모두 술 취한 얼굴로 하하호호 이 꼴을 보며 웃고 있을 뿐, 아무도 놀라지 않더라는 것.

넋이 나간 채 앉은 내게 다른 선배가 귀띔해주기를 '저 양반은 촌사람이라 원래 저런 식으로 애정 표현을 한다. 자기 맘에 쏙 드는 똑똑한 남자 후배들한테만 가끔 저러는 거니까 괘념치 마라. 국회 파견근무 때 보니까 여의도 중진 국회의원들 중에도 술 취하면 후배한테 저러는 사람 가끔 있더라' 했다.

자못 인류학적으로 흥미로운 사례였다. 주로 권력집단 내에서 알파메일이 후배에게 이런 행위를 한다는 건데 권력관계, 집단 내 서열을 확인하는 일종의 세리머니 아닐까 하는 것이 나의 추론이다. 수컷 침팬지가 자기보다 젊은 침팬지에게 털을 고르게 하는 것 같은.

회식이 끝나자 검은 관용차들이 차례로 고위직 간부들을 모시러 왔다. 서초동 밤거리에 도열한 검은 양복 차림의 '엘리트' 판사들은 폭탄주 10여 잔으로 얼굴이 불콰해진 채 간부들이 탄 차의 문을 앞다투어 닫아드리고, 차창을 내려 인자하게 손을 흔드는 그 '어른'들에게 90도로 절했다. 나는 맨 뒤에 서서 이도 저도 못하고 멍하니 이 그로테스크한 풍경을 영화 보듯 바라보고 있었다. 아, 침팬지 자연 다큐멘터리에 이어 이번 장르는 충무로 조폭영화구나. 너무 클리셴데, 하면서.

이런 분위기에서 첫 한 달 동안 나는 열심히 구글이 어떻고 페이스북이 어떻고 선진적 조직문화가 어떻고 〈웨스트 윙〉이 어떻고 떠들며 『불멸의 신성가족』을 사비로 사서 돌리고 앉았던 것이다. 그 회식 자리에서 비로소 내가 선 땅이 어디인지 알았다. 나는 여전히 장유유서, 서열주의, 군대문화가 전 사회를 지배하는 나라에 살고 있었다. 당시 행정처 간부나 선배들 중에는 대학 시절 운동권이었던 이도 상당수 있었고 법원 내 진보적인 판사 모임인 '우리법연구회' 출신도 상당수 있었지만, 폭탄주를 돌리는 이 수컷 세리머니 자리에서 진보 보수 따위의 구분은 의미 없었다. 그저 '우리는 하나('내 밑으로 충성한다면'이 생략된)'가 대한민국 엘리트들의 이데올로기였다. 이후 살아가면서 나는 인간사회의 이 불편한 진실을 오래오래 확인해야만 했다.

그 회식 이후 한 달여 지난 2008년 4월 18일, 이명박 정부는 광우병 위험 부위의 수입을 허용하는 내용이 포함된 한미 쇠고기 협상 결과를 발표했고, 이에 반발하는 촛불시위가 3개월간 거리를 가득 채웠다.

그리고 후폭풍은 법원에도 밀어닥치기 시작했다.

## 그날 나는,
### 완전히 붕괴되었다

나는 사표를 두 번 낸 사람이다. 법원에.

이 책 서두에 나오는 2020년에 쓴 사표가 처음이 아니다. 사실 그보다 훨씬 전에도 사표를 제출한 적이 있다. 2009년 법원행정처 정책담당관으로 근무하던 때. 법원 내에서도 극소수만 아는 일인데, 이젠 10년도 더 지난 흘러간 일, 뭐 어떠랴 싶어 뒤늦게 밝혀본다.

때는 바야흐로 2008년 이명박 대통령 집권 초기, 소위 광우병 사태로 촛불시위가 광화문 거리를 연일 달구던 시절이었다. 물론 당시 미국산 쇠고기 수입 및 광우병에 대한 언론 보도와 대중의 공포는 일면 과학적 근거가 부족하거나 과장된 부분이 있었다. 하지만 이후 코로나 사태에서도 보았듯이 미지의 질병에 관한 공중보건상의 이슈는 극도로 섬세하게 다루어야 할 문제다. 신종 질병에 대한 공포는 본능에 가까운 것이므로 대중의 감정을 존중하면서 충분한 시간을 두고 차분히 설득하며 신뢰를 얻는 절차가 필요하다. 하지만 당시 정부는 이러한 노력을 충분히 하지 않은 채 미국산 쇠고기 수입 협상을 밀어붙였고, 이는 큰 반발을 낳을 수밖에 없었다.

당시 청와대의 분위기를 실감한 일이 있다. 법대 동창생 한 명이 공안부 검사로 일하다가 청와대 민정수석실에 파견근무중이었다. 오랜만에 그 친구와 만나서 한잔하는데, 마침 티브이 뉴스에 촛불시위 장면이 나왔다. 그러자 그 친구 얼굴이 시뻘게지더니 흥분하는 것이 아닌가. 아직도 이 나라는 멀었다, 객관적이고 과학적인 근거를 가지고 토론해야지 저게 뭐하는 짓이냐, 괴담 수준의 이야기로 참 내…… 어쩌고 언성을 높이더니 다짜고짜 종업원을 불러서는 뜬금없이 안주를 시키는데, "여기 스테이크 안주 하나요. 근데 꼭! 미.국.산. 쇠고기로 만든 스테이크여야 합니다. 알았죠?" 이러는 것이다.

미드 〈웨스트 윙〉의 백악관 참모들에 빠져 있던 나는 현실의 대통령 참모, '블루하우스' 근무자인 그 녀석을 쓴웃음을 지으며 바라보았다. 예전의 모습을 떠올리며.

그 친구를 처음 본 건 1988년 법대 신입생 환영회 때였다.

처음에는 조폭인 줄 알았다. 영화배우 존 굿맨만한 덩치에 굵은 목. 압도적이었다. 그런데 언밸런스하게도 눈이 너무 예쁜 거다. 선글라스를 벗은 존 벨루시처럼.

최루탄 냄새 가득한 5월이 되었다. 법대 친구들의 반은 아크로폴리스로 불리던 광장에 모여 비장한 눈빛을 하고 팔을 번쩍번쩍 들어올리고, 나머지 반은 법대 도서관에 틀어박혀 한자 투성이 민법 교과서를 보며 눈을 반짝반짝 빛내고 있었다. 나는 어느 쪽에도 끼지 못하고 혼자 학교를 빠져나갔다. 중앙대 영화학과에서 열리는 우디 앨런 영화제에 가는 길이었다. 그런데 그 존 벨루시와 마주쳤다.

"너 어디 가?"

"으응…… 그냥 무슨 영화제에 가."

"무슨 영화?"

"어, 그게 우디 앨런이라고 있어."

당시 대학가에서 영화 좀 본다는 애들이 보러 다니는 영화는 〈전함 포템킨〉〈저개발의 기억〉 등이었기에 우디 앨런을 보러 가는 것은 왠지 뻘쭘한 일이었다. 그런데 외모상으로는 살색 난무하는 영화 외에는 관심 없을 것 같아 보이는 그 친구가 묘한 표정으로 나를 한참 쳐다보았다.

그닥 친분이 없었던 그 친구를 다시 만난 건 사법연수원에서였다. 어마어마한 영화광이었던 그 친구는 '빛소리'라고 연수생 영화동호회를 만들어 〈시민 케인〉 상영회를 열었고, 나는 무지 길다는 것 외에는 기억이 잘 안 나는 그 영화를 보러 갔다. 뒤풀이 자리에서 그 친구가 말을 걸더라. '최루탄 연기를 뚫고 콧물 질질 흘리면서 우디 앨런 초기 영화들을 보러 가던 희한한 또라이'가 기억에 남더라나.

그 영화광 존 벨루시가 공안검사 겸 청와대 참모가 되어 굵은 목이 다 시뻘게진 채 "꼭! 미.국.산. 쇠고기로 만든 스테이크여야 합니다. 알았죠?"라는 대사를 어쩔 줄 몰라하는 어린 알바생에게 꼭꼭 씹어 내뱉는 장면을 보며 나는 영화란 현실을 따라잡기 힘들구나, 이 블랙코미디는 우디 앨런풍은 아닌 거 같고 스탠리 큐브릭풍인가? 하며 〈닥터 스트레인지러브〉를 잠시 떠올렸다.

그런데 인생은 언제나 예측 불허, 그 블랙코미디가 나비효과처럼 꼬리에 꼬리를 문 끝에 내 첫번째 사표로까지 이어질 줄은 당시에는 미처 알지 못했다.

그 친구의 강경한 어조처럼 당시 정부는 시위대에 강경 대처했고, 단순 참가자들까지 사법 처리했다. 죄명은 야간집회금지 위반. 당시 '집회 및 시위에 관한 법률(집시법)'은 야간 옥외집회를 금지하고 있었다. 서울중앙지방법원 형사단독재판부들에는 집시법 위반 사건이 몰려오기 시작했다.

그런데 묘한 일이 벌어졌다. 원래 법원의 사건 배당은 전산 시스템을 이용한 무작위 배당이 원칙인데, 몇몇 재판부에 촛불시위 관련 사건이 집중 배당된 거다. 형사단독판사들은 문제제기를 했고, 법원장은 재발 방지를 약속하되 '보안 유지'를 요청했다.

그런데 얼마 후 한 재판부가 집시법 제10조가 야간 옥외집회를 원칙적으로 금지하고 예외적으로 사전허가제를 인정하고 있는데, 이는 집회의 자유를 보장하고 사전허가제를 절대적으로 금지하는 헌법 제21조 제2항과 정면으로 배치된다면서 헌법재판소에 위헌법률심판을 제청했다. 그러고는 그 결과가 나올 때까지 재판을 중지한다고 선언하면서 일이 더욱 묘하게 흘러가기 시작했다. 다른 재판부들도 속속 재판을 중지하고 위헌법률심판 결과를 기다렸다. 위헌 소지가 있다고 볼 만한 조항이었기 때문이다(실제로 다음해인 2009년 9월, 헌법재판소는 위 조항에 대해 헌법불합치 결정을 내렸다). 결과를 기다려야 하므로 구속된 피고인을 보석으로 석방하기도 했다.

그러자 법원장은 담당 판사에게 전화를 걸어 "시국이 어수선할 수 있으니 보석을 신중하게 결정하라"고 하고, 형사단독판사들에게 대법원장의 말씀을 전한다면서 사회적으로 소모적인 논쟁에 발을 들여놓지 않기 위해 노력해야 하고, 법원이 일사불란한 기관이 아니라는 사실을 보여주기 위해서도 나머지 사건들은 현행법에 의하여 통상적으로 진행하는 것이 바람직하다고 메일을 보냈다. 이미 위헌 제청된 사건은 어쩔 수 없지만 나머지 사건들은 헌법재판소의 결정을 기다리지 말고 현행 집시법에 따라 진행해서 판결하라는 뜻이었다. 법원 실무상 관련 사건에서 동일한 쟁점에 대해 위헌 제청이 있을 경우, 위헌 소지가 있다고 판단한 다른 재판부들도 재판을 중지하고 헌재의 결정을 기다리는 경우가 많다. 그런데 이를 하지 말라고 법원장이 메일을 보낸 것이다.

법원장은 판사들을 만나 "사법부가 흔들릴 수 있으니 가능하면 위헌 제청을 하지 않는 것이 좋겠다"고 말하기도 하고, '친전, 대내외비'라는 문구를 단 메일을 판사들에게 여러 차례 보내며 헌재 결정을 기다리지 말고 현행 집시법에 따라 결론을 내달라고 '당부'하기도 했다. '보안 유지' '대내외비'를 엄청나게 강조하던 법원장의 뜻대로 당시에는 이런 일들이 법원 내부나 외부에 알려지지 않았다.

이런 분위기 속에서 위헌 제청을 했던 판사는 2009년 2월 사의를 표명했다. 반면 같은 시기에, 해당 법원장은 대법원장이 대법관 후보로 임명 제청해 신임 대법관이 되었다.

형사단독판사들은 반발했다. 한 판사가 고민 끝에 법원장이 보낸 메일들을 기자에게 전달했고, 3월 초 이 내용이 방송에 보도되었다. 법원은 발칵 뒤집어졌다. 연일 '신임 대법관이 법원장 시절 촛불시위 사건 재판에 수차례 개입했다'는 내용의 기사가 헤드라인을 장식했고 대법원은 진상조사단을 구성했다.

행정처 2년 차가 되어 이제 고참의 일원이 된 나는 충격과 분노를 느꼈다. 내가 법원을 사랑한 이유는 법원이 예외적인 조직이기 때문이었다. 법관은 헌법과 법률에 의하여 그 양심에 따라 독립하여 심판한다(헌법 제103조). 판사의 재판 내용에 대해서는 법원장이 아니라 대법원장도 대통령도 개입할 수 없다. 상부의 지시에 따라 재판 내용이 바뀌는 나라는 법치주의 국가라고 볼 수 없다. 그런 나의 상식을 뒤흔드는 일이 벌어진 것이다. 게다가 그런 법원장을 대법관 후보로 제청한 이는, 바로 내가 존경하던 그 꼬장꼬장한 대법원장이었다.

당시 나를 비롯한 젊은 행정처 판사들 대부분은 이 사건에 충격을 받고 엄중하게 진상을 밝혀 책임을 물어야 한다는 데 뜻을 같이하고 있었다. 반면 고위직 간부들의 입장은 미묘하게 달랐다. 그들 역시 있어서는 안 될 일이 일어났다고 말하면서도, '조용히' 수습하는 것이 사법부를 위하는 길이다, 이번 일로 정치적인 논란에 휩싸이면 사법부가 흔들린다며 젊은 판사들을 자제시키는 분위기였다. '조용히'가 핵심이었다.

나는 이해할 수 없었다. 능력과 인품 모든 면에서 존경하던 선배, 간부들이 전전긍긍하며 조용히 수습하자는 쪽으로만 논의를 이끌었다. 그 이유는 곧 알게 되었다. 해당 법원장이 이번 일로 대법관에서 낙마하게 되면, 그를 대법관 후보로 제청한 대법원장 역시 책임을 져야 한다는 것이다. 그러지 않아도 전임 대통령이 임명한 대법원장이고 검찰과 사사건건 대립각을 세워왔던 인물이다. 현정권은 그를 이번 일을 핑계로 갈아치우고 자신들과 코드가 맞는 강경한 사람을 신임 대법원장으로 앉히려고 한다는 것이다.

책으로 배운 칼 같은 법치주의, 권력분립 이론을 신봉하던 나는 이런 식의 정치 논리, 상황 논리를 판사들이 이야기하다니, 쉽게 납득할 수 없었다. 나는 마치 인공지능 로봇처럼 선배들에게 반문했다. 그런 복잡한 정치적 예측은 잘 모르겠고, 법원은 법대로만 하면 되는 것 아닌가요? 법원장의 행위가 재판 개입 및 사건 배당 조작으로 판단되면 징계에 회부해서 그에 합당한 중징계를 내리면 되는 것이고, 그 사람이 현재 대법관인지 아닌지는 사건 후의 상황일 뿐이니 고려할 필요가 없는 것이며, 그런 사람을 대법관으로 제청한 대법원장이 이에 대한 책임을 지고 사퇴하게 되어 후임 대법원장이 오게 된다면 그 또한 어쩔 수 없는 일이고, 후임 대법원장의 개인적인 정치적 성향이야 직무수행과 무관한 일인데 만약 그가 정치적 색깔을 드러내면서 부적절한 사법행정을 시도한다면 그때는 또 법관들이 이번처럼 그 행위에 대해 강력하게 문제제기를 하며 싸울 일인 거고. 선배들은 한숨을 쉬었다. "문 판사, 참 나이브해."

일선 법원 판사들은 연일 판사회의를 개최하여 해당 대법관의 사퇴를 촉구했다. 하지만 간부들은 더디게 움직였다. 돌다리를 100번 두들기며 건너듯 온갖 외국 사례 검토만 지시하고 각종 위원회를 구성해서 자문을 구하고, 의견을 듣기만 반복했다.

괴로웠다. 부끄럽지만 난 솔직히 진보고 보수고 관심 없는 정치 무관심층에 가깝고 뉴스라고는 문화면 뉴스 말고는 잘 안 본다. 난 1980년대 끝물 학번이지만 운동권과는 거리가 멀었다. 남들이 민주화시위할 때 난 미야자키 하야오 영화상영회에 갔다. 책이나 할리우드 영화로 미국식 민주주의, 법치주의를 배웠고 이를 동경했다. 국비로 미국 연수도 다녀왔다. 미국의 법제도를 잘 배워오려고. 그런데 미국 법원에서 법원장이 판사에게 "시국이 어수선할 수 있으니" "사법부가 흔들릴 수 있으니" 운운하면서 예민한 사안에 대해 이래라저래라 한다? 상상할 수도 없는 일이다. 아예 상식 밖의 일인 것이다. 하지만 놀랍게도 나의 조국 대한민국의 법조인들 중 연배가 있는 이들은 이 일에 그다지 충격을 받지 않는 눈치였다. "재판 진행을 빨리 하라 한 정도지 유죄를 선고하라고 한 것은 아니지 않느냐?" "그래도 대법관인데 이 정도 일로 물러나게 해서야 되겠나?"라며.

당시 내 꿈은 할리우드 영화에 밤낮 나오는, 멋진 교외 주택에서 사랑하는 가족과 강아지 키우며 잘 먹고 잘살지만 쪽팔린 짓은 안 하며 사는, 인생에 한 번 용기 낼 때는 용기 내는, 톰 크루즈나 톰 행크스가 늘 맡는 캐릭터였다고 말했었다. 나는 그 '인생에 한 번 용기 낼 순간'이 왔다고 생각했다. 굳이 이렇게 빨리 올 필요까지는 없었는데……

　나는 정책담당관으로서 엄정한 진상조사 및 합당한 중징계, 문제 제기한 형사단독판사들에 대한 보호, 재발 방지를 위한 제도 개선만이 이번 사태를 수습할 수 있는 방안이라는 강경론을 계속 개진했고, 다른 부서의 젊은 행정처 판사들 중에도 뜻을 같이하는 이들이 많았다. 간부진 중에도 강경론자가 있었다. 하지만 해당 대법관에게 최종적으로 내려진 처분은 '엄중 경고'였다. 이름은 거창하지만, 그저 대법원장이 대법관을 자기 방으로 불러 구두로 '엄중'하게 '경고'한다는 뜻이다. 법관징계법에 따른 진짜 징계는 정직, 감봉, 견책이다. 헌법 위반 행위는 탄핵 사유이기도 하다. 아아, 참으로 엄중하구나. '엄중' 경고라니.

　나는 그 엄중함에 무서워서……가 아니라 좌절한 나머지 친한 행정처 판사 두엇과 함께 못 마시는 술을 자발적으로 마셨다. 나로서는 드문 일이었다. 그러고는 법원 근처 아파트 안마당에 쭈그려 앉아 나도 모르게 내뱉었다. "우리, 행정처 판사들부터 싹 다 같이 사표 써야 하는 거 아니야?" 같이 쭈그려 앉았던 판사가 움찔했다. "형, 그러면 그건 사법파동이에요." "그렇게라도 해야 하는 거 아냐?" 충동적이고 나이브한 나와 달리 매사에 진중한 그는 걱정스레 나를 쳐다보았다.

　이렇게 회고하니까 무슨 대단한 집단행동을 선동했던 것 같지만 나는 애초에 투사 타입이 못 된다. 냉정하게 돌아볼 때, 내가 그 말을 꺼낸 것은 몇 달째 이어진 실망과 좌절감, 못 먹는 술에 취해서 높아진 혈중알코올 농도, 그리고 그놈의 '일생에 한 번 꼭 용기 내야 하는 순간이라면, 구질구질하지 않게 용기를 내는 멋진 나'라는 캐릭터에 취해 있던 탓이다(이 책을 읽는 청춘들에게 충고하나니, 술에 취했으면 귀가해서 조용히 씻고 얼른 잠이나 자야 한다. 뻘짓하지 말고).

그날 밤, 술에 취하고 '멋진 나'에 취한 채 귀가한 나는, 발 닦고 잘 일이지 굳이 누웠다가 다시 일어나서는, 내 방으로 가 컴퓨터를 켜고 뜬금없이 메일을 쓰기 시작했다. 이번 사태의 발단이 법원장이 보낸 '대내외비' 메일이었는데, 나 역시 술에 취한 채 새벽에 메일을 쓴 것이다. 수신인은 대학 동창인 어느 판사였다. 나와 달리 대학 시절 거리를 누비던 운동권 투사였던 그는 이번 사태에서도 투사의 면모를 보이며, 일선 법원에서 판사회의를 이끌면서 해당 대법관 사퇴를 강경하게 외치고 있었다.

사실 동창일 뿐 그닥 친분이 두텁지는 않았지만 그래도 젊은 시절 같이 학교를 다닌 친구들에게는 막연하라도 내적 친밀감이 있기 마련이다. 술과 '나'에 취한 나는 그에게 마치 독립투사 같은 어조로 좌절과 분노를 가득 담은 메일을 썼다. 행정처 판사들도 판사다, 분노하는 일선 법원 판사들과 뜻이 다르지 않다, 있어서는 안 될 일이 일어났다, 부끄럽다, 너는 일선에서, 나는 이곳 행정처에서, 각자의 자리에서 할 수 있는 일들을 하자.

이번 사태를 이런 식으로 끝내서는 안 된다. 순간 불타오른 동지애로 눈시울이 뜨거워진 채 한숨에 메일을 써서 발송 버튼을 누르고는 비로소 잠이 들었다.

그리고 몇 시간 후 아침, 나는 연이어 울리는 휴대전화 알림음에 아직 숙취가 가시지 않은 채 잠에서 깼다. 새벽부터 와 있는 여러 통의 문자를 보고 놀라 컴퓨터를 켜고 메일함을 확인하니, 그 동창 친구의 메일이 와 있었다. 그런데 열어보니, 내 메일에 대한 답장이 아니었다. 내 메일을 다른 수많은 수신인에게 전달한 것이었고, 나도 수신인의 한 명이었기에 메일을 받은 것이었다. 수신인들은 행정처 간부들을 포함한 행정처 판사 전원, 그리고 일선 법원 법원장들을 포함한 수많은 판사였다.

쇠망치로 뒤통수를 얻어맞은 느낌이었다. 찬물을 뒤집어쓴 듯 술도 잠도 확 깨어버렸다. 나는 그 대학 동창에게 전화를 걸어 물었다. 난 동창인 너를 믿고 속내를 털어놓은 것인데 대체 왜 메일을 이 사람들에게 전달한 거냐. 동창은 투사답게 이런 일 따위 아무것도 아니라는 듯 덤덤하게 답했다. 아, 그런 거였냐? 난 네가 작심하고 함께 전면에 나서서 투쟁하겠다는 뜻으로 생각했다. 그래서 간부들에게 행정처 판사도 이런 마음이니 투쟁을 가로막지 말라는 취지로 전달한 것이다. 나는 다시 물었다. 그렇게 하기 전에 내게 물었어야 하는 거 아니냐, 내 뜻이 그게 맞는지? 그는 다시 덤덤하게 답했다. 만약 내가 네 뜻을 잘못 이해한 것이라면, 그건 내가 평생 안고 갈 몫이다. 투사의 언어는 간결했다. 대의를 위한 투쟁 앞에 개개인의 희생 따위가 대수냐는 투로 들렸다. 오해일 수도 있다. 그저 내게는 그렇게 들렸다. 평생 안고 간다는데 뭘 어떻게 안고 간다는 소린지 궁금했지만, 굳이 묻지 않았다.

더이상 할말이 없었다. 전화를 끊고 어떻게 된 일이냐며 놀라 묻는 행정처 동료들, 선배들의 문자들을 읽고 부재중 전화 발신인 목록을 보았다. 최대한 빨리 연락 달라는 인사총괄심의관실의 문자도 있었다. 법관 인사를 총괄하는 부서다. 내가 얼마나 큰 사고를, 그것도 얼마나 황당한 방식으로 쳤는지 뒤늦게 절감했다. 그 메일을 아침부터 전달받은 이들은 얼마나 황당했을까. 무슨 영화 〈무간도〉도 아니고 행정처에 내부 첩자가 있다는 제보 메일인가? 그렇다기엔 보낸 이가 행정처에 적대적이던 강경파 일선 법관인데? 게다가 수신인이 이렇게 많으면 100퍼센트 바로 언론에, 검찰에, 청와대에 새어나간다. 당시 광우병 사태와 촛불시위는 정권의 명운이 달릴 정도로 예민한 정치적 사안이었기에, 촛불시위 재판으로 불거진 재판 개입 사태 역시 초미의 관심사였다. 그런 사안에서 행정처 판사가 일선 법원에서 판사회의를 주도하는 강경파 법관에게 이런 메일을 보낸 것이다. 바로 청와대와 국정원이 내 뒷조사를 할 것이 뻔했다. 어떤 인간인지, 무슨 의도로 이런 짓을 한 건지.

차라리 어떤 의도가 있기라도 했으면 창피하지는 않았을 것 같다. 술김에 행정처 동료들에게 내뱉었던 대로, 작심하고 행정처 젊은 판사들 중 뜻을 같이하는 이들을 모아 집단 사직서 제출이라는 항명이라도 제대로 했다면 억울하지는 않았을 것이다. 그 말은 내 진심이었다. 그렇게라도 해보고 싶었다. 그런데 칼을 뽑아보기도 전에 스스로 울분에, 그리고 술에 취해 내 뜻을 알아주리라 혼자 착각하고는 그닥 친하지도 않은 동창에게 말만 앞서는 비분강개 메일을 보냈다가 만천하에 공개되고 말았다. 단 다섯 시간 만에. 〈어 퓨 굿 맨〉을 찍고 싶었는데 〈덤 앤 더머〉〈행오버〉를 찍은 거다.

그날 나는, 완전히 붕괴되었다.

나는 부임 첫날 〈웨스트 윙〉을 꿈꾸며 희망차게 올랐던 그 대법원 계단을 올라 내 방으로 가서는 난생처음 사직서를 작성했다. 첫번째 사표였다. 정작 일이 터지고 나자 마음은 침착했고 네이버에서 사직서 양식도 금방 찾아 인쇄도 잘했다. 사직서를 들고 법관 인사를 총괄하는 고위직 간부에게 찾아갔다. 모두 제 어처구니없는 실수고, 이로 인해 그러지 않아도 힘든 법원조직에 부담을 주어 죄송하다고 말씀드리고 사직서를 내밀었다.

그런데 뜻밖에도 사직서는 즉시 반려되었다. 이건 문 판사 잘못이 아니라 친구 메일을 냉큼 포워딩한 사람 잘못이지. 문 판사가 이번 사태 내내 어떤 입장인지는 새삼스러울 것도 없이 다들 알고 있지 않나. 사직할 일 아니니 돌아가게.

인사 및 징계를 담당하는 부서 판사에게 자세한 경위를 구두로 이야기하는 정도 외에는 특별한 조치 없이 나는 업무에 복귀했다. 비록 바늘방석이었지만. 행정처 동료, 후배들은 연이어 나를 찾아와 오히려 격려해주었다. 고마웠지만 미안했다. 나 때문에 이들은 또 여기저기에 해명해야 할 것이다. 벌써 인사 담당 부서에 청와대 쪽에서 나에 대해 묻는 연락이 왔다는 이야기가 돌고 있었다. 더 큰 폭풍이 몰려올 것 같았다. 마음이 무거웠다.

며칠 후, 대낮에 뜬금없이 대학 동창 친구한테 전화가 걸려 왔다. 메일을 보냈던 그 동창 말고, 청와대에 근무하던 영화광 존 벨루시였다.

올 것이 왔구나, 직감하며 전화를 받은 내게 그는 딱 한마디 던지고는 전화를 끊었다.

"유석아, 신경쓰지 마라. 넌 원래 자유로운 영혼이잖아."

인생은 역시 언제나 예측 불허.

그런데, 그리하여 대체 어떤 의미를 갖는 것일까.

# 역시 세상에
## 공짜는 없었다

　허무한 해프닝으로 지나갔다. 동창한테 음주 메일을 보냈던 일로 인한 나의 첫번째 사표도, 판사들에게 '대내외비' 메일을 보냈던 대법관에 대한 '엄중 경고'도. 그 대법관은 6년 임기를 잘 마치고 퇴임 인터뷰에서 "다시 그때로 돌아간다고 해도 똑같이 할 것"이라는 말씀까지 남겼다. 역시 높은 자리에 오르는 분들은 그릇이 다른 것 같다. 나는 내 메일에 대해 죽을 때까지 이불킥을 할 것 같은데.

　나는 재판 업무로 복귀했고, 2년이 지나자 부장판사가 되어 판사 셋 중 가운데에 앉는 판사(재판장)가 되었다. 아아, 이제 드디어 '어른'들 눈치볼 것 없이 소신대로 재판할 수 있겠구나, 가슴이 부풀어올라 내 딴에는 새로운 재판을 이리저리 시도했던 것 같다. 살인, 강간 등 흉악범죄와 권력형 범죄에 대한 형량을 대폭 올리는 반면 곤궁 범죄나 치료가 필요한 피고인에 대해서는 처벌은 하되 재범 방지를 위한 대책도 모색하는 '문제해결 법원'식 접근을 시도하는 방향이었다.

일이 많아서 몸은 고됐지만 솔직히 신이 났다. 사람이란 참 묘해서 놀기만 한다고 행복한 건 아니다. 나도 참 노는 것 좋아하는데(오죽하면 책에 "나는 놀기 위해서 태어났다"는 글까지 썼겠나) 돌이켜보면 가장 신나고 행복했던 시절은 뭔가에 꽂혀서 온 힘을 끌어올려 일에 매진한 때였던 것 같다. 초임판사 때의 열정이 다시 돌아온 듯했다. 행정처에서 느꼈던 실망감과 좌절감이 치유됨을 느꼈다.

마침 당시 같이 일하던 동기와 후배들 중에는 '좋은 재판'을 해보겠다는 열정과 아이디어가 넘치는 친구들이 많았다. 그들과 이야기를 나누고 있자면 법원에 대한 자부심과 애정이 다시 차오르곤 했다.

이 초임 부장판사 시절이 내 특유의 나이브한 이상주의적 열정이 최고조에 이른 시점이었던 것 같다. 그 열정을 주체하지 못하고 밤마다 글까지 쓰기 시작했다. 아무도 청탁한 적 없는데도 '초임부장 일기'라는 제목으로 법관 게시판에 연재를 시작했다. 그 내용은 재판 개선에 관한 아이디어, 법원의 경직된 조직문화에 대한 풍자, 인상 깊었던 재판에 대한 소회 등등이었다.

인생은 참으로 예측 불허라, 발령지인 타지에서 홀로 야근하다가 춥고 외로워서 밤마다 끄적끄적 정말 일기처럼 썼던 이 글들이 결국에는 내 첫번째 삶을 끝내고 두번째 삶을 시작하게 만들고 말았다. 긍정적인 의미로도, 그리고 씁쓸한 의미로도.

먼저, 나는 생각지도 못하게 책을 내게 되었다. 「초임부장 일기」를 재미있게 읽던 법원 동료 중 누군가가 기자에게 제보했는지 기사화되었고, 그걸 본 한 출판사가 출간을 제의한 것이다. 고민하다가 낸 나의 첫 책 『판사유감』이다. 그때만 해도 나는 너무도 당연히 평생, 정년까지 법관으로 살 생각이었기에 좋은 추억을 남긴다는 정도의 마음으로 냈다.

하지만 세상일이란 한번 시작되면 눈덩이가 굴러가며 커지듯 예측하지 못한 방향으로 흘러가기도 한다. 신문 칼럼 연재 제의를 여기저기서 받게 되고, 또 고민하다가 새로운 경험을 좋아하는 천성 탓에 응하여 이후 수년간 중앙 일간지에 칼럼을 연재하게 되고, 두번째 책 『개인주의자 선언』이 예상치 못하게 초대박이 나고, 판사들의 일상과 고민을 소개한다는 가벼운 마음으로 연재한 『미스 함무라비』가 갑자기 드라마로 제작되면서 진짜 생각지도 못했던 드라마작가로까지 데뷔하게 되고. 이 모든 일이 불과 3~4년 사이에 연이어 벌어졌다.

나라는 인간, 참 억세게 운도 좋지. 이중 하나만 해도 흔치 않은 경험인데, 마치 만화 주인공처럼 연이어 새로운 행운이 찾아오고 또 찾아왔다. 내가 생각해도 참 재수없는 캐릭터다. 전생에 대체 뭘 구했길래 이번 생에 이렇게 분수에 넘치는 기회들이 주어지는 걸까. 내가 티브이 방송 섭외에 한사코 응하지 않는 이유가 다 있다. 있는 그대로 솔직하게 이야기할수록 보는 사람들 짜증만 돋우는 삶을 살아왔기 때문이다.

그 행운의 정점이 드라마 〈미스 함무라비〉의 촬영과 방영이었다. 어린 시절 꿈이 만화 스토리작가였는데 40여 년 세월이 흘러 그것도 현직 부장판사로 일하는 와중에 내가 사랑하는 법원, 내가 사랑하는 동료와 선후배들의 이야기로 드라마를 만든다니. 게다가 성동일, 고아라, 김명수, 류덕환, 이엘리야 같은 멋진 배우들이 출연하고, 무려 〈추노〉의 곽정환 감독이 연출을 맡아 전국의 시청자들이 보게 되다니. 고아라 배우와 김명수 배우가 법정으로 찾아와 내 재판을 보고 판사실을 찾아 판사들의 평소 모습을 참고했다. 첫 회가 방송되자 '박차오름'의 지하철 사이다 신이 빵 터져, 동영상 클립에 아시아 전역을 비롯한 세계 곳곳의 언어로 댓글이 쏟아졌다. 꿈만 같았다.

세상에 공짜는 없다. 바로 그 행운의 정점에 내 이름이 뉴스에 오르내리기 시작했다. 양승태 대법원장 시절 법원행정처가 작성한 소위 '판사 블랙리스트', 즉 '물의 야기 법관 인사조치' 문건에 내 이름이 있다는 것이었다. 나보다 훨씬 심각한 불이익을 당한 법관이 여럿이었지만 내 이름이 유독 크게 거론되었다. 지난 몇 년간의 '행운', 즉 책이 베스트셀러가 되고, 중앙 일간지에 칼럼을 쓰고, 방영 드라마의 작가이기도 한 '유명' 판사였기 때문이다. 당시 행정처에서 나에 대한 조치를 검토하고, 해당 문건을 작성하고 보고한 이들은 나와 잘 알고 친한, 내가 좋아하는 후배들이었다.

뉴스가 나온 후 점심을 먹으러 법원 구내식당에 들어서는데 뭔가 심각하게 수군거리던 부장판사들이 나를 보자마자 입을 닫고 조용해지는 일을 연이어 경험했다. 당시 부장급 판사들 중 상당수는 이른바 '사법농단' 사건이나 블랙리스트 자체보다도 검찰이 대법원 컴퓨터를 압수수색하고 고위직 법관들을 줄줄이 불러 피의자로 조사하는 상황 및 이를 허용한 김명수 대법원장에게 더 분개하고 있었기 때문에, 그 수사로 밝혀진 '피해자'에 해당하는 나의 존재는 불편했던 것이다. 아무도 이 사건에 관하여 내게 위로의 말을 건네지도, 궁금한 것을 묻지도 않았다. 역시 세상에 공짜는 없었다. 분수에 맞지 않았던 행운은 그에 합당한 계산서를 뒤통수치듯 내밀었다.

나에 대한 조치를 지시한 이들도 어차피 다 아는 사람들이었다. 이해가 가지 않았다. 신문 칼럼이든 책이든 드라마든 다 규정에 따라 대법원에 신고하고 겸직 허가를 받아 쓴 것들이었고, 내용도 오히려 시민사회에 법원을 홍보하고 대변하는 쪽에 가까웠다. "법원에 대한 신뢰가 바닥에 떨어진 마당에 예산이라도 써서 법원을 홍보해야 할 판인데 문 판사가 큰 역할을 하고 있다"고 격려해주던 대법원 간부들도 많았다. 그런데 뒤에서는 나에 대한 인사 불이익을 지시하고 실행했던 것이다. 그제야 몇 년간의 궁금증이 풀리는 느낌이었다. 나는 글쓰기를 본격적으로 시작한 이후로는 형사재판과 행정재판을 한 번도 담당하지 못했다. 배석판사 시절 근무했던 서울행정법원을 부장판사가 된 이후 다시 지망했지만 배치되지 못한 것은 원래 워낙 인기 법원이고 전에도 근무한 적이 있었기 때문에 형평상 그러려니 했다.

그런데 이해할 수 없었던 일은 다들 기피하는 성폭력 사건 전담 형사합의부 재판장을 자진해서 지망했는데도 배치되지 않았던 것이다. 내 딴에는 재판하기도 어렵고 욕만 먹기 좋아서 인기 없던 성폭력 재판부를 맡아 바꾸고 싶었던 부분들이 있었다. 섬세하지 못한 재판과정에서 벌어지는 2차 가해, 합의만 하면 집행유예 하는 잘못된 관행, 사회가 공분하는 죄질 나쁜 성폭력 사건에 대한 솜방망이 처벌을 바꾸고 싶었다. 유무죄는 엄격히 가리되 유죄로 인정되는 경우에는 엄정한 책임을 지워야 한다고 생각했다.

동기 부장 중 아무도 성폭력 재판부를 지원하지 않았다. 그런데 사무 분담 결과를 보니 민사재판부를 지원했던 다른 동기 부장이 성폭력 재판부로, 그리고 내가 민사재판부로 배치되어 있었다. 그 이유를 뒤늦게 알게 되었다. 대법원이 나를 '물의 야기 법관'으로 분류하고는 형사재판부나 행정재판부 등 사회적 영향이 큰 부서에는 배치하지 않았던 것이다.

솔직히 난 영화 〈달콤한 인생〉에서처럼 그분들에게 찾아가서 묻고 싶은 심정이었다.

"저한테 왜 그랬어요? 말해봐요!"

혹시 "넌 나에게, 모욕감을 줬어"라는 대답이 돌아오지 않았을까.

나중에 알고 보니 아닌 게 아니라 모욕감을 느낀 이들이 있긴 있었던 것 같다. 핵심 고위직 간부들 중 일부가 유독 〈미스 함무라비〉에 격분했단다. '아니 젊은 판사들이 연애도 제대로 못하고 매일 열심히 야근하며 헌신하는 법원 홍보 드라마인데 왜?'라고 생각했는데, 나는 예상치도 못했던 지점에서 고위층의 심기를 건드렸나보다. 어느 드라마에나 빌런이 있기 마련이고, 내 드라마에도 〈미생〉의 '마 부장(손종학 분)'처럼 강약약강의 출세주의자 꼰대 부장판사가 나온다. 이름도 아예 '성공충(차순배 분)'이라고 붙였다. 후배 판사들을 착취해서 자기 공으로 돌리며, 위에 아부하여 고등법원 부장판사로 승진하는 인물이다. 어느 조직에나 있는 캐릭터이기에 시청자들도 자연스럽게 받아들였다. 그런데 정작 대법원 어느 분인지 높으신 분이 "마치 고등법원 부장판사가 온갖 비리를 저지르는 전형처럼 묘사되어 사법부 신뢰에 흠집을 냈다"며 자못 심각한 어조로 나를 물의 야기 법관으로 분류하고, 소속 법원을 통해 '엄중 경고'하라는 지시를 했다고 문건에 기재되어 있었다. '대내외비' 메일을 보냈던 그 대법관이 받았던 바로 그 '엄중 경고' 말이다.

나도 모르는 새 '엄중 경고'를 받았었나 어리둥절하여 곰곰이 기억을 되살려보니, 진짜로 한마디 들은 적이 있었다. 원작 소설 『미스 함무라비』 신문 연재 당시 내가 근무하던 법원의 수석 부장판사님이 뜬금없이 나를 방으로 부르더니 보이차를 대접하며 자못 곤란한 표정으로 "대법원에서 소설 연재 내용 일부에 대해 조금 우려하시는 것 같습니다. 성공충 부장이라고 있다는데…… 오해의 소지 없도록 잘하고 계시지요?" 하셨다. 그러더니 스스로 겸연쩍어하면서 "누군가 제 발 저린 분이 계신 것 같습니다. 허허허" 덧붙이시더라. 이것이 내가 받은 '엄중 경고'였다.

사실 내가 '물의 야기 법관'이 된 데는 더 중요한 다른 사유가 있었다. 세월호 사건 때 「딸 잃은 아비가 스스로 죽게 할 순 없다」라는 칼럼을 중앙 일간지에 기고한 일이었다. 솔직히 그 칼럼을 쓸 때부터 이 부분은 어느 정도 각오하고 있던지라 그다지 충격은 없었다. 세월호 사건은 살면서 겪은 일 중 손에 꼽을 정도로 충격적이고 비극적인 일이었다. 이유는 모르겠지만 나는 유독 아이들의 죽음에 본능적인 고통을 느낀다. 더구나 그걸 무력하게 몇 시간에 걸쳐 지켜봐야 하는 부모의 심정이라니 상상

할 수도 없었다. 그 비극의 진상을 엄중히 규명할 것을 요구하며 희생자 부모들이 단식투쟁을 벌이기 시작했다. 정부는 원칙론을 내세우며 대화를 거부했고, 부모들 중에는 오랜 단식으로 뼈와 가죽만 남은 상태로 죽음 직전에 놓인 분들도 있었다. 나는 이 상황을 견딜 수가 없었다. 정치적 입장 따위가 문제가 아니라 '이런 비극 뒤에 아이를 잃은 부모가 스스로 죽는 꼴까지 방치한다면 이 사회가 공동체로서 존속 가능한 것인가'라는 위기감마저 들었다. 일단 사람부터 살리고 보자는 마음으로 예외적인 상황이니 유족들이 요구하는 특별법 제정을 전향적으로 검토하자는 취지의 칼럼을 급히 써서 기고했던 것이다.

물론 문구 하나하나 극도로 주의하면서 정치적으로 해석될 여지를 없애고 보편타당한 일반론만을 쓴다고 썼다. 하지만 상황 자체가 극도로 정치적인 상황임을 모를 리가 없다. 그런 와중에 현직 부장판사가 유족측 입장을 변호하는 칼럼을 중앙 일간지에 쓴 것이다. 당연히 내 진의와 관계없이 정치적으로 해석될 것이고, 정치권 일각에서 법원에 항의할 수도 있다. 이런 경우 인사상 불이익을 피하기는 어렵다. 행정처 근무자였던 내가 그걸 모를 리는 없지만, 그 정도는 감수하겠다고 생각했던 것이다. 그래서 이 부분에 대해서는 놀라지도 않았고, 담담히 받아들일 수 있었다.

오히려 가장 충격을 받은 부분은 소위 '블랙리스트'보다도 그 이후에 보도되기 시작한 추가 문건이었다. 당시 법원행정처가 대법원 정책에 반발하는 '국제인권법연구회'의 세를 축소하기 위해 꾸민 일 중 하나인데, '미디어·엔터테인먼트법 연구회'를 행정처 주도로 몰래 만들어 가입을 유도하자는 것이었다. 법정 드라마를 기획·개발하고 대중 스타와의 만남, 영화사나 엔터테인먼트사 방문 등 흥미로운 활동을 하면서 젊은 판사들의 관심을 다른 데로 돌리려는 의도란다. 젊은 판사들이 연예인에 정신이 팔리면 사법정책에 관심을 덜 기울일 거라는 참으로 유치찬란하고 모욕적인 발상의 음모였는데, 놀랍게도 이를 위해서는 나를 반드시 저 '어용연구회' 회장으로 끌어들여 이용해야 한다는 문건이었다. 세월호 칼럼 등으로 나를 우려하는 간부들을 안심시키기 위해 문건 작성자가 적기를, '행정처가 원하는 정답대로만 행동하지는 않더라도, 성향 등을 고려할 때 행정처와 전면 대립할 가능성도 낮은 편'이라고 했다더라. 만만하다, 무섭지 않다, 이용하고 버리면 되는 정도 인물이라는 소리다. 나는 구정물을 정면으로 얼굴에 맞은 느낌이었다.

  그제야 비로소 진짜 내 주제를 파악했다. 나는 대법원장 앞에서도 웃으며 재치 있게 뼈 있는 충언을 해왔다고 생각했다. 바로 그 전해에도 양승태 대법원장이 주최하는 한 행사에서 건배사를 하면서 농담처럼 "왜 자꾸 젊은 판사들한테 제대로 못할 거면 사표 쓰고 나가라고 무섭게 그러시냐, 그 친구들은 아직 뭘 잘못할 만큼 법원에 오래 있지도 않았다. 새해에는 나가라고 하실 거면 고참들부터 좀 나가라고 하셨으면 좋겠다"고 한마디하여, 참석한 고위직 판사들이 안절부절못하는 걸 보며 고소해하기도 했었다. 칼럼을 쓰고 책을 쓰고 드라마를 쓰는 것도 내 나름대로는 법원과 시민사회 사이에 가교 역할을 하여 법원에 기여하고 있다고 생각했다.

다 착각이었다. 나는 그저, 궁중의 광대였다.

내가 어떤 글을 쓰고 어느 자리에서든 눈치보지 않고 발언을 해도 뒤로 예의 주시하며 표나지 않는 수준의 불이익을 줄 뿐, 바로 직접적인 제재를 가하지 않았던 이유가 무엇이겠는가. 나란 존재가 그들에게는 그저 혼자 잘났다고 떠드는 돈키호테일 뿐, 진짜로 위협적이지는 않았기 때문이다. 궁중의 광대가 무슨 소리를 하든 목을 치지 않는 것처럼.

이런 불미스러운 일에 내 이름이 대문짝만하게 거론되는 뉴스가 연이어 나오던 그때, 참담한 기분으로 다른 부장판사들과 구내식당에 점심식사를 하러 갔다. 다들 뉴스를 봤을 텐데도 아무도 가타부타 언급하지 않고 일상적인 대화를 나누며 식사를 하더라. 그런데 한 선배 부장판사가 불쑥 나를 보며 한마디 툭 던졌다. "근데 문 부장은 뭐 특별히 불이익 받은 건 없지 않나?" 평소 나를 보면 책 잘 팔린다던데 인세는 얼마나 받느냐는 둥 꼬치꼬치 묻던 분이었다. 한 달 가까이 내 이름이 블랙리스트, 물의 야기 법관 명단, 인사 불이익, 어용연구회 이용 시도 등의 뉴스에 등장하는 와중에 동료 선후배 부장판사들이 내게 유일하게 언급한 말이었다. 그 외에는 마치 아무 일도 없었던 것처럼 너무나 평화롭게, 내가 존재하지 않는 것처럼 평화로운 일상의 대화들만 나누시더라. 역시 엘리트들은 나이스하다. 젠틀하고.

〈미스 함무라비〉에서 직장 내 성희롱 피해자, 직장 내 괴롭힘 피해자의 고통에 대해 고민해서 묘사했지만, 머리로 이해했을 뿐 몸으로 이해하지는 못했었다. 나는 강자였기 때문이다. 피해자, 약자의 처지를 나름대로 공감하려고 노력했지만 나 스스로가 그 처지에 놓인 적은 거의 없었다. 나는 공부 하나 잘해서 젊은 나이에 과분하게 출세한 사람이고, 조직에서도 인정받아 엘리트 코스만 밟아왔다. 오만할 정도로 자존감이 강하여 일생 열등감이라고는 느껴본 적이 없다. 마음만 먹으면 누구든 이길 수 있다는 자신감이 있기 때문에 경쟁 앞에서 오히려 느긋했다. 누군가 감히 불합리한 공격을 가한다면 내가 가진 모든 자원을 동원하여 치밀하게 반격할 의지도 충분했다. 마음만 먹으면 지독해질 수 있는 사람이다. 나는 강자였다. 피해자는 내게 절대로 걸맞은 정체성이 아니다. 나는 단지 가해자가 되지 않기 위해서 스스로 조심하려는 '나이스한' 강자로 자신을 규정해왔다.

그런 나도 결국은 나약한 인간에 불과했다. 마치 학급에서 왕따당한 중학생처럼 움츠러들어버렸다. 어느 날부터인가 나는

는 징계도 받지 않았으며, 임기를 무사히 마쳤다. 전국의 법관들이 차례로 법관회의를 열어, 그 대법관의 행위는 재판권의 독립을 침해하는 행위라고 결의했지만 아무 소용도 없었다. 이유는? 그 대법관의 재판 개입은 당시 정권의 입맛에 맞는 것이었기 때문이다. 정권은 그 대법관이 사퇴할 이유가 없다며 버티라는 사인을 보내고 있었고, 만약 그가 물러나게 될 경우 대법원장도 공동책임을 지고 사퇴해야 한다는 입장이었다. 법의 논리가 아니라 힘의 논리, 정치의 논리다.

법원은 그 힘의 논리에 굴복했다. 대법원 수뇌부는 대법원장을 지키는 것이 법원칙을 지키는 것보다 중요하다고 판단했다. 그들 나름의 상황 논리는 있었다. 대법원장이 물러나게 되면 정권 입맛에 맞는 더 강경한 인물이 대법원장으로 와서 사법 독립을 침해할 것이라는 논리였다. 수뇌부의 뜻대로 일은 허무하게 마무리되었다. 과연 그로 인해 말마따나 '사법 독립'이 지켜졌을까?

후임 대법원장 시대에는 재판 개입을 넘어서서 '재판 거래' 의혹이 불거지기에 이르렀다. 대법원장의 숙원사업인 '상고법원' 도입을 위해 정권의 관심사인 정치적 사건들에 대해 법원행정처가 물밑에서 청와대와 조율하는 역할을 수행해야 한다는 문건이 발견된 것이다. 거래 대상은 일제의 강제징용에 대한 손해배상 사건, 정리해고된 노동자들이 복직을 요구하는 사건 등이었다.

동시에 대법원 및 정권에 비판적인 성향의 법관들을 파악하여 블랙리스트를 작성하기도 했다. 이러한 일들을 실무적으로 주도한 사람은 법원장급인 법원행정처 차장이었다. 대법원장의 숙원 사업을 성사시켜야 본인이 대법관이 될 수 있기 때문이었다.

앞의 사건과 뒤의 사건은 뭐가 다를까. 규모가 더 커지고, 노골적이라는 점? 당연한 결과다. 재판 개입 사실이 밝혀져도 아무런 실질적 처벌이 이루어지지 않은 전례가 있는데 후임자들이 두려워할 이유가 없다. 원칙이 무너지는 일은 이래서 무서운 것이다. 사람들은 이런저런 명분을 들어 원칙에 반하는 예외를 만들려 한다. 최악을 피하기 위해 대법원장을 지키는 것이 법원칙을 지키는 것보다 중요하다고 판단한 이들의 상황 논리가 그런 예다. 역사에서 이런 일은 늘 반복된다. 그리고 그 결과 또한 늘 반복된다.

이런 과정에서 시민사회의 사법부에 대한 신뢰는 무너져내렸다. 법원 내부에는 무력감과 패배감만 커져갔다. 일선 판사들이 믿고 있던 법관의 정치적 중립성에 대한 신화는 외부가 아니라 대법원 스스로의 손에 파괴되었다. 그 결과는 비극적이다. 최후의 보루가 무너지자 사회 전체의 법치주의에 대한 신뢰 역시 무너져갔다.

2024년 겨울, 역사의 뒤안길로 사라진 줄 착각했던 군을 동원한 친위 쿠데타 시도가 유튜브로 생중계되는 그로테스크한 광경을 지켜보며 전직 법조인으로서 절망감을 느꼈다. 전직 검찰총수 출신 법조인인 대통령의 입에서 나오는 이른바 '비상계엄' 논리는 옳고 그름 이전에 현행 헌법 및 법률상 말이 되지 않았다. 제대로 법을 공부한 사람이라면 누구나 황당했을 것이다. 아예 법적 근거조차 없는 내용으로 가득한 이른바 '포고령'은 하이라이트였다.

전직 법조인의 관점에서 볼 때 더욱 놀라운 것은 대통령 권한대행들이 노골적으로 법을 무시하고 정파적으로 행동한 점이다. 무려 헌법재판소가 직접 권한쟁의심판에 대한 결정을 통해 국회가 추천한 헌법재판관을 임명하지 않는 것은 위헌이라고 최종적으로 판단했는데도, 권한대행들은 이를 무시하며 버텼다. 권한대행들은 정치인이 아니었다. 평생 고위직 관료로서 살아온 이들이다. 관료집단은 보수적이다. 속으로야 어떤 생각을 하고 있든 대놓고 법과 절차를 위반하는 행위를 하기는 어렵다. 법적 책임을 지게 되기 때문이다. 법치주의 시스템은 법적 책임을 두려워하는 보수적인 관료집단에 의해 유지된다. 그런데 놀랍게도 관료들이 대놓고 법을 무시하는 행위를 하기 시작했다. 법원행정처의 사법관료들이 주도한 '사법농단' 사태와 다르지 않다. 법을 무시하더라도 정파적 이해관계에 부합하기만 하면 최소한 한쪽의 정치세력은 자신들을 보호해줄 것이라는 믿음 때문이 아닐까. 재판 개입을 시도하고도 임기를 끝까지 잘 마친 대법관처럼.

법은 교전수칙 같은 것이다. 인간사회에서 이해관계가 다른 집단 사이의 충돌 자체는 피할 수 없다. 그렇다고 매번 서로 생명을 빼앗는 전쟁 상태에 돌입하게 되면 공멸한다. 공멸을 피하기 위해 정한 최소한의 규칙이 법이다. 좋든 싫든, 아군이든 적군이든 미리 다수결로 합의한 룰은 지키면서 싸우고, 룰을 위반한 자에게는 엄정한 책임을 지우기로 한 것이다. 반칙을 해도 책임이 따르지 않으면 룰은 무너진다. 각 세력이 자기 이해관계에 따라 룰을 남용하고 왜곡하기 시작해도 룰은 무너진다. 저쪽이 먼저 그랬으니 나도 그럴 수밖에 없다는 아전인수만 난무한다. 그리고 한번 무너진 룰을 다시 세우는 것은 너무나도 어렵다.

나의 첫번째 삶은 시스템에 대한 신뢰로부터 시작되었다. 그 시스템의 일부로서 내가 선 자리에서 최선을 다하면 보람 있는 삶을 살 수 있을 것이라고 믿었다. 유감스럽게도 그 신뢰가 무너져내리면서 첫번째 삶을 마무리하고 말았다.

나는 첫 책 『판사유감』을 "냉소적으로 구는 건 누구나 할 수 있어. 담대하게 낙관주의자가 되라구"라는 문구로 마무리했었다. 그런데 그후 10년 동안 나는 낙관주의를 잃고 말았다. 얻은 것은 슬프게도 냉소와 자기혐오였다. 세상을 탓하기에는 나 자신의 어리석음과 무능력이 컸다. 중요한 시기에 나는 의욕만 앞 섰을 뿐 유의미한 역할을 하지 못했다. 사람의 선의를 너무 쉽게 믿다가 이용당하기 일쑤였다. 그런 사람이 무슨 자격으로 남을 판단하는 자리에 남아 있겠나.

게다가 세상 자체가 무서운 속도로 변화하고 있었다. 사실 1969년생인 내가 살아온 세상은 인류 역사를 통틀어 예외적인 평화와 발전의 시대였다. 큰 전쟁도 없었고 경제는 무서운 속도로 발전했으며 민주주의, 자유주의가 확산되었다. 오죽하면 프랜시스 후쿠야마가 1989년 논문 「역사의 종언」에서 자유민주주의의 승리로 역사적 변동이 종결되었다고 선언하기까지 했을까. 대한민국은 그 변화의 가장 앞에 서 있었다.

성급한 낙관이었다. 미국에서는 물소뿔 모자를 쓴 지지자들이 대선 결과에 불복하고 의회를 습격하는 일을 벌였는데도 트럼프가 재선되었다. 대한민국에서는 시민들이 촛불을 들고 거리에 나서서 국정을 농단한 대통령을 쫓아냈는데도 몇 년 지나지 않아 이번에는 군을 동원한 친위 쿠데타를 시도한 대통령이 등장했다. 마치 100년 전으로 되돌아간 듯 세계는 종교, 민족, 극우 또는 극좌 포퓰리즘을 앞세운 독재자들이 속속 득세하고 있다. 인터넷과 소셜미디어의 발달은 직접 민주주의의 확대가 아니라 대혐오의 시대를 낳았다. 성별, 세대, 정치적 성향, 종교 등으로 사분오열된 대중은 혐오를 위한 혐오를 전시하며 문화전쟁을 벌이고 있다. 거기에다가 예상을 뛰어넘는 속도로 발전하는 인공지능은 지금까지 우리가 알았던 세상 전체를 바꿔놓기 시작했다. 과거 인간사회의 신념과 가치체계가 과연 10년 후, 20년 후에도 유지될지 단언할 수 있는 사람은 없다.

생각할수록 자신이 없었다. 옳고 그름 자체가 흔들리고 재정의되는 시대에 남을 판단하는 직업을 감당한다는 것이. 주제 파악을 해야 한다고 생각했다. 내가 할 수 있는 일을 하자. 그것이 거대한 조직의 논리든, 예측할 수 없는 시대의 변화든 내가 통제할 수 없는 외부적인 요인에 휘둘리며 살고 싶지 않았다. 나는 내 주제에 맞지 않는 무거운 옷을 벗고, 온전한 한 개인으로 돌아가 나 자신을 책임지는 삶을 살기로 마음먹었다. 흥하든 망하든 오롯이 나만의 책임이었으면 했다. 자유롭고 싶었다. 인생 후반기는 한번 내 멋대로 살아보고 싶었다.

결국 나는 전업작가로 살기로 마음먹었다. 글은 정직하다. 흥하든 망하든 오롯이 나의 노력과 능력에 따라 결과가 정해진다. 노트북 하나만 있으면 세계 어느 곳에서든 일할 수 있다. 세계가 어떻게 변하든 작가는 자기만의 세상을 만들어낼 수 있다. 최소한 내가 만든 내 글 속의 세상만은 나의 것이다. 작가가 되면 자유롭게 살 수 있을 것 같았다. 나는 판사도, 변호사도, 더이상 어떤 법조인으로도 살지 않기로 결심했고, 완전히 새로운 삶을 선택했다. 글 쓰고 여행하며 자유롭게, 온전히 나 자신으로만 살고 싶었다. 그렇게 나의 두번째 삶이 시작되었다.

……그리고 나는 또 한번 현실과 직면하게 되었다.

## 2부

## 누구나 그럴싸한 계획을 가지고 있다

심플하게 나 지금 망했구나,
인정하고 나니 외려 맘이 편해졌다. (…)
그러다 어느 날 결심했다.
어차피 망한 거,
'쓰레기를 쓰겠다!'는 마음으로
죽이 되든 밥이 되든 아무거나 써보자.

## 인생은
## 실전

　삶의 대전환을 앞두고 먼저 나 자신을 밑바닥까지 들여다보려 애썼다. 자기 자신은 속일 수 없기 때문이다. 남들이 어떻게 생각할지까지 걱정하다가는 아무것도 결정할 수 없을 것 같았다. 내가 삶에서 원하는 것들의 순위, 난 어떨 때 행복을 느끼는지, 내가 죽도록 싫은 것들은 무엇인지, 난 무엇을 먼저 손절할 수 있는지부터 솔직하게 스스로에게 물어보아야 한다. 배경음악으로는 크래쉬의 〈니가 진짜로 원하는 게 뭐야〉가 좋겠다.

　　그 나이를 처먹도록 그걸 하나 몰라
　　그 나이를 처먹도록 그걸 하나 몰라
　　그 나이를 그 나이를 그 나이를 처먹도록

그걸 하나 그걸 하나 그걸 하나 몰라

생각해보니 난 이미 명확한 답을 갖고 있었다. 심지어 그걸 내 책에 써놓기까지 했다.

야심도 없고 남들에게 별 관심이 없고, 주변에서 큰 기대를 받는 건 부담스럽고, 싫은 일은 하고 싶지 않고 호감가지 않는 사람들과 엮이고 싶지 않다. 내 일을 간섭 없이 내 방식으로 창의적으로 해내는 것에 기쁨을 느끼고, 내가 매력을 느끼는 소수의 사람들과 친밀하게 지내는 걸 좋아하고, 심지어 가끔은 가족으로부터도 자유로운 나만의 시간을 갖길 원한다.•

이런 성격의 인간은 선택지가 많지 않다. 사실 20년 넘게 몸담아온 전직의 경험을 가장 잘 활용하는 직업은 누가 봐도 변호사이긴 하다. 물론 변호사는 훌륭한 직업이다. 문제는 '호감가지 않는 사람들과 엮이고 싶지 않고' '내가 매력을 느끼는 소수의 사람과 친밀하게 지내는 걸 좋아하는' 성격을 관철하면서 하기엔 망하기 십상인 직업이라는 점이다. 게다가 '가끔은 가족으로부터도 자유로운 나만의 시간' 따위는 변호사에게 없다. 휴가중

• 졸저, 『개인주의자 선언』, 문학동네, 2015년, 59쪽.

에도 주말에도 클라이언트의 전화는 받아야 한다.

게다가 나는 법관생활 내내 법관 대다수가 중도 사직하고 변호사로 개업하는 한국 특유의 현상에 대해 비판해왔다. 심판을 그만두고 선수로 뛰는 풍조는 바뀌어야 한다고 생각했다. 미국처럼 한번 법관으로 임용되면 그것이 마지막 직업이 되는 평생법관제도가 정착되어야 한다고 기회가 있을 때마다 주장했다. 그래놓고는 손바닥 뒤집듯이 변호사 개업 인사장을 돌리고 싶지는 않았다. 경제적으로 불안할 테니 로펌에 변호사로 적은 두고 작가를 겸업하라는 주변의 충고와 우려가 있었지만, 결국 나는 변호사 등록 자체를 하지 않았다. 변호사 자격은 있지만 등록도 개업도 하지 않았으니 나는 이제 법조인이 아니다. 첫번째 삶을 완전히 떠난 것이다.

학생들을 가르치는 일도 생각해보았지만 나는 저자의 의무라 할 수 있는 북토크도 마지못해 최소한으로만 하는 사람이다. 낯선 사람들을 만나 초면에 내 얘기를 늘어놓는 것이 낯뜨겁고 부담스럽다. 나는 말이 무섭다. 말은 퇴고 과정이 없다. 글과 달라서 어디로 튈지 모른다. 그 부담이 가슴 한구석에서 나를 짓누른다.

역시 내가 할 수 있는 일 중에 가장 자유로운 일은 글쓰기였다. 내 반려 자전거 브롬톤에 노트북 하나 넣고 이리저리 돌아다니다가 이태원 카페에 앉아 써도 좋고 한강변에 앉아 써도 좋다.

쓸데없는 데 디테일한 나는 글쓰기에 좋은 공간을 찾아 오만 동네를 자전거로 돌아보았고, 노트북도 무거울 것 같아서 휴대전화와 연결해서 쓸 수 있는 블루투스 키보드까지 구입했다.

무엇보다 좋은 점은 꼭 한국에 있을 필요가 없다는 점이다. 남극에 있든 아프리카에 있든 노트북 하나만 있으면 먹고살 수 있다니, 나에게는 최고의 축복이다. 언제나 나의 내밀한 욕망은 지구 곳곳을 떠돌며 살다 가는 것이었다.

유일한 문제는 돈이었다. 평생 공무원 월급 외벌이로 아이들을 키웠다. 경제적 여유가 있을 리 없었다. 슬프게도 책만 써서 먹고살 수 있는 작가는 거의 없는 것이 우리 현실이다. 그나마 희망을 걸어본 곳은 드라마시장이었다. 넷플릭스 덕에 한국 드라마시장이 커지고 있으니 책과 드라마 양쪽을 모두 꾸준히 쓰면 전업작가로 살아남을 수 있지 않을까. 하지만 내가 성공적으로 드라마작가로 자리잡을 수 있다는 보장은 전혀 없었다. 나는 판사 재직중에 〈미스 함무라비〉 한 편을 썼을 뿐이었다. 재무대책이 필요했다.

생전 처음 전투적으로 재테크 공부를 했다. 처음으로 주식 앱을 깔고 삼성전자 주식의 매수 버튼을 누르는데 손가락이 떨렸다. 평생 월급쟁이로 살며 예금 이외에는 해본 적 없는 사람이라 주식 투자는 두려웠다. 하지만 아무리 생각해봐도 가장 유망한 투자는 세계 최고의 기업들에 하는 것이었다. 퇴직을 앞둔

2020년 1~2월에 꾸준히 MAGA(마이크로소프트, 애플, 구글, 아마존) 주식을 샀다. 나스닥은 나의 새 출발을 따뜻하게 응원해주듯 연일 최고치를 경신했다. 자신감이 붙은 나는 책 계약금에 명예퇴직금까지 탈탈 털어 MAGA에 집어넣었다.

이왕 새로운 삶을 시작하는 거, 평생 꿈이었던 '해외 한 달 살기'부터 시작해보자는 마음으로 몇 년 동안 알뜰하게 모은 마일리지를 털어 7월에 바르셀로나로 떠나는 비행기표를 끊었다. 구글맵으로 골목골목까지 비교하며 좋은 위치, 합리적 가격의 에어비앤비 예약을 마쳤다. 타파스가 질리면 시칠리아로 날아가 아란치니와 그라니타를 물고 돌아다닐 계획도 세워두었다.

모든 계획은 완벽해 보였다. 퇴직을 결행하던 2월 중순까지는 말이다.

그리고 거짓말처럼 세상은 달라져버렸다.

퇴직한 지 일주일 만에 신천지 대구교회에서 코로나 집단감염이 발견되었다. 안정적이던 우리나라 확진자 수는 엄청난 속도로 증가하여 중국에 이어 세계 2위에 이르렀다. 자전거를 타고 돌아다니며 글을 쓰기는커녕 집밖 출입 자체를 제한하는 자가격리가 일상이 되었다.

2월 19일 사상 최고치를 기록했던 나스닥지수는 바로 다음 날부터 듣도 보도 못한 속도로 바닥으로 추락했다. 대공황이니 블랙먼데이니 역사책에서나 보던 수준의 대폭락이었고, 세계 최고 우량주들인 MAGA도 이를 피해 갈 수는 없었다. 말 그대로 계좌가 녹아 없어지기 시작했다. 20여 년 동안 한 푼 두 푼 저축한 돈도, 명예퇴직금도.

우리나라 상황이 안정되어가니 이번에는 미국과 유럽에 난리가 났다. 그것도 내가 한 달 살기 계획을 세웠던 스페인과 이탈리아가 앞서거니 뒤서거니 확진자 수 세계 2위를 다투기 시작했다. 예약했던 바르셀로나 숙소에서는 정중한 취소 요청 메일이 날아왔고, 나는 부디 잘 이겨내시기를 기원하며 답장했다. 항공권 예약은 취소되어 마일리지는 돌아왔지만 그 항공사가 존속 가능할지부터 불투명했다. 여행이고 뭐고 안전한 일상이 간절히 그리운 나날이 계속되었다.

사람들은 서로를 좀비 보듯 피하기 시작했고 약속은 줄줄이 취소되었다. 난 종일 컴퓨터 앞에 앉아 전 세계 확진자 수 변동 추이와 주가 폭락 상황을 확인했다. 절망적이었다. 무서웠다. 생존에 대한 공포 앞에서는 자유고 뭐고 없다는 사실도 깨달았다. 많든 적든 매달 꼬박꼬박 월급 들어오는 것이 사람에게 얼마나 안정감을 주는지도 알게 되었다. 코로나로 다들 집에 갇혀 있는 상황에서도 책 읽는 사람은 늘지 않고 넷플릭스와 유튜브만 호황이었다. 생존을 위해서는 어떻게든 드라마를 써야 했다. 초반 기획 정도만 해놓고 미적거리던 드라마 집필에 몰두하기 시작했다. 〈악마판사〉였다.

드라마 제작이란 100억이 넘는 돈이 투자되고 100명도 넘는 사람들의 노력이 들어가는 큰 비즈니스다. 그 많은 사람이 오로지 내가 쓰는 대본 하나를 보고 뛰어드는 것이다. 더구나 재미에는 정답이 없고 취향만 있다. 방송사 스태프, 제작사 감독, 캐스팅 디렉터, 배우의 소속사 관계자 등등 수많은 사람이 모여서 내가 쓴 대본을 놓고 갑론을박하는 회의 자리에서 나는 좌불안석일 수밖에 없다. 많은 이를 모두 만족시킬 방법은 없고, 어정쩡한 타협이라도 아슬아슬하게 이루어가면서 전체 일정에 지장이 없도록 방대한 분량을 꾸역꾸역 계속 써내야 한다.

생존을 위한 글쓰기에 자유 따위는 없었다. 일단 시작은 되었지만 언제 무슨 일이 생길지 모른다. 캐스팅에 실패해도, 편성이 무산되어도, 제작비 조달에 문제가 발생해도 프로젝트는 엎어질 수 있다. 살얼음판을 걷는 기분이었다. 내가 계속 재미있는 이야기를 써내지 못하면 드라마는 실패다. 그런데 과연 무엇이 재미있는 것인지에 대한 의견조차 관계자들 사이에서 일치하지 않았다. 잠이 오지 않기 시작했다.

친분 있는 드라마작가들이 뒤늦게 공포스러운 이야기들을 들려주었다. 드라마 집필 기간에 스트레스로 소화가 안 돼서 유동식으로만 1년을 버틴 적이 있다, 하도 오래 앉아서 글만 썼더니 집 2층에서 1층으로 내려올 때 계단을 기어서 내려오곤 했다, 대본은 다 썼는데 제작사가 바뀌고 방송 편성이 뒤로 미뤄지고 하면서 아무것도 못하고 6년 세월이 흘러버린 적도 있다 등등. 아니 그런 말은 내가 퇴직하기 전에 해줬어야지……

어렵게 감독이 정해져서 처음 만난 날, 감독은 바로 대본 초고에 대해 열정적으로 의견을 이야기했다. 초면에 사람 만나 이런저런 얘기하는 걸 부담스러워하는 나는, 오후 2시부터 밤 11시까지 아홉 시간 동안 한자리에서 논스톱으로 내가 쓴 대본을 난도질하는 이야기를 초면의 남자와 나누어야 했다.

못다 한 얘기는 이틀 후 다시 만나서 계속하자는 감독과 겨우 헤어진 후, 버스는 끊기고 택시는 잡히지 않는 밤거리를 터덜터덜 걸어가며 나는 문득 권투선수 마이크 타이슨의 명언을 떠올렸다.

"누구나 그럴싸한 계획을 가지고 있다. 처맞기 전까지는."

인생은 실전이었다.

최대한 활용한다는 것은 인공지능에게나 가능한 일인지도 모르겠다. 인공지능에게는 여가가 필요 없겠지만.

판사를 할 때는 매주 톱니바퀴처럼 돌아가는 재판 일정에 맞추어 살면서도 그 사이사이 짬을 내 이것저것 참 많은 글을 즐겁게 썼는데, 지금은 그때보다 훨씬 힘겹게 글을 쓰고 있다. 시간은 빨리 흘러가고, 그 시간의 대부분을 글을 써야 할 텐데⋯⋯라고 불안해하며 흘려보내고 있기 때문이다.

그러고는 여가를 이용해 무엇을 하느냐. 채집생활을 한다.

넷플릭스를 켠다. 새로 나온 작품들을 스캔한다. 아카데미상 받은 명작들 중 못 본 것을 서치한다. 인터넷에서 믿을 만한 고수들이 추천한 작품들을 찾아본다. 열심히 채집한다. 내가 찜한 목록은 점점 늘어나고 그것만 봐도 흐뭇하다. 흐뭇하니까 실제로 보지는 않는다. 넷플릭스를 끈다. 그리고 유튜브를 켠다⋯⋯

결국 프리랜서로서 두번째 삶을 시작해보고서야 깨달은 첫번째 이치는, 자유란 공짜로 주어지지 않는다는 점이다. 자유를 제대로 누리려면 스스로를 구속할 줄도 알아야 한다. 그게 어려우니까 학교나 직장 같은 조직의 규율 속에서 살았던 것이다. 거기서 벗어나려면 외부의 규율에 결코 뒤지지 않는 스스로에 대한 규율이 필요하다. 자유에는 자율이 뒷받침되어야 하는 것이다. 시간의 주인이 되고 싶으면, 스스로 시간에 고삐를 매고 올라타야 한다.

그러려면 굳은 의지와 철저한 계획만으로는 부족하다. 자제력은 한정된 자원이기 때문이다. 미국의 심리학자 로이 바우마이스터와 존 티어니는 자제력을 근육에 비유한다. 자제력의 근육을 과도하게 사용하면, 자제력은 바닥나고 더이상 이를 발휘할 수 없게 된다는 것이다.

그보다는 '나'라는 기계를 가장 효율적으로 움직일 수 있는 전략들을 고민해야 한다. 내 경험에 비추어 몇 가지 예를 들자면, 먼저 눈앞의 유혹들과 억지로 싸우려 하지 말고, 이를 눈에 띄지 않도록 치워버리는 편이 낫다. 다이어트할 때와 마찬가지다. 글에 집중해야 하는 상황이라면, 스마트폰부터 멀찌감치 두는 게 첫번째 할일이다. 집에서 일하다보면 머리가 아파와서 자꾸만 드러눕게 된다. 그럴 때는 굳이 나가서 일하는 사람들이 많은 카페나 도서관에 자리잡고 글을 쓴다. 바닥에 드러누울 수도 없고, 옆에서 다른 사람들이 일하고 있는데 혼자 멍하니 유튜브를 보고 있기도 창피하기 때문이다.

'자율'이 어려운 만큼 적절한 '타율'을 스스로 만들어내는 것도 방법이다. 드라마 작업의 예를 들면, 나는 감독을 비롯한 모든 관련자에게 다음 대본은 언제까지 보내겠다고 타임라인을 미리 스스로 못박아 말해버리곤 한다. 가족들에게도 큰소리쳐둔다. 이러고 나면 모두를 실망시키지 않기 위해서라도 기한에 맞취 몸을 움직이게 되는 것이다. 물론 마감 날짜가 다가오면 하루 이틀이라도 연기해보려 온갖 핑계부터 떠오르곤 하지만.

재미있는 것은 아무 상관 없어 보이는 다른 생활습관과 일하는 습관이 마치 패키지처럼 서로 연동된다는 점이다. 특히 하루의 전반부를 어떻게 시작하느냐가 일과 전체에 영향을 미친다. 건강하게 하루를 시작하면 자동으로 계속 생산적인 일을 하게 되고, 그 반대로 시작하면 '이왕 버린 하루'가 되더라. 못 참고 과자 한 봉지 먹은 것을 시작으로 해야 할 일은 미룬 채 하루 종일 소파에 누워 리모컨을 들고 '채집생활'로 소일한 날이 많았다. 이왕 이렇게 된 거……라며 스스로 자꾸 핑계를 대는 것이다. 고통을 지연하는 것은 나쁜 습관이다. 고통의 총량만 늘릴 뿐이다.

하루를 시작하는 가장 좋은 방법은 운동, 글쓰기, 책 읽기, 이렇게 세 가지다. 경험상 하루를 낭비하지 않았다는 느낌이 들게 하는 일들이다. 잠깐이라도 이런 일들로 하루를 시작하면, 모드가 전환되면서 하루를 허투루 보내지 않는다.

참 아이러니하다. 첫번째 삶에서는 없는 시간을 쪼개 글도 쓰고 여행도 하며 바쁘게 살았는데, 지금은 남아도는 시간을 주체하지 못해 무의미하게 낭비하다가 결국은 또 마감에 쫓겨 바쁘게 산다. 첫번째 삶에서는 꽉 짜인 삶 속에서 자유를 희구했는데, 지금은 넘치는 자유를 감당 못해 스스로 타율과 구속을 만들려 한다.

　나는 왜 이것밖에 안 되는 인간일까, 자책하게 되지만 창작의 대가들의 삶에서 위안을 얻기도 한다. 그들 역시 방학숙제에 시달리는 초등학생들의 고민과 크게 다르지 않은 고민에 시달렸다.『헤밍웨이의 글쓰기』『유혹하는 글쓰기』『할리우드에서 성공한 시나리오작가들의 101가지 습관』등등 어떤 책을 읽어보아도 작가들의 비슷한 고민과 자책이 가득하다. 그만큼 창작이란 고통스러운 일인 것이다. 조지 오웰은 에세이『나는 왜 쓰는가』에서 이렇게 말했다.

　책을 쓴다는 건 고통스러운 병을 오래 앓는 것처럼 끔찍하고 힘겨운 싸움이다. 거역할 수도 이해할 수도 없는 어떤 귀신에게 끌려다니지 않는 한 절대 할 수 없는 작업이다.●

　나뿐만 아니라 갈수록 많은 이가 꽉 짜인 직장인의 삶에서 벗어나 글이든, 음악이든, 유튜브든 뭔가 창작하는 일을 하는 새로운 삶에 도전하고 싶어하는 추세다. 그런 생각을 한다면 프리랜서의 자유라는 달콤한 환상에만 젖어 결정하지 말고, 먼저 자신이 일상에서 최소한의 규율 실천이 가능한 인간인지부터 냉정

● 조지 오웰,『나는 왜 쓰는가』, 이한중 옮김, 한겨레출판, 2025년, 300쪽.

하게 판단해볼 일이다. "인생 뭐 있어? 너무 아등바등하지 말고 자유롭게 살아" 따위를 늘어놓는 이들보다 매일 30분 운동하기 하나만이라도 꾸준히 실천하는 이들이 훨씬 프리랜서의 삶에 적합하다. 나도 그런 사람이 되고 싶다, 부디.

## 육체가 정신을
##              지배한다

    내가 즐겨 보는 축구 예능 프로그램 〈골 때리는 그녀들〉에서 '구척장신'팀 초대 주장이었던 한혜진 씨가 팀원들에게 외쳐 댄 구호가 있다. "정신이 육체를 지배한다!" 그는 아무리 지쳐 몸을 움직일 수 없는 지경이어도 이기려는 열망만 있으면, 일어나 한걸음 더 뛸 수 있다며 팀원들을 독하게 일으켜세우곤 했다. 그것은 스포츠가 보여줄 수 있는 가장 감동적인 순간이기도 하다. 정신이 육체를 지배할 수도 있다. 가짜약이라 할지라도 환자가 약효가 있다고 확신하고 복용하면 어느 정도 효과를 보기도 하는 '플라세보효과'도 그 예일 것이다. 하지만 정신이 육체를 지배하는 것은 잠깐일 뿐, 결국 길게 보면 그 반대라는 사실을 나날이 체감하고 있다. 육체가 정신을 지배한다. 그것이 곧 '늙어간다는 것'이다.

나이 오십에 새로운 삶에 뛰어들면서 나름은 이모저모 꼼꼼히 따져보았다고 생각했다. 전업작가로서 생계를 유지할 수 있을지 콘텐츠시장의 현재와 미래를 이리저리 살펴보기도 했고, 프리랜서의 라이프스타일이 나에게 잘 맞는지도 따져보았다. 아이들의 대학 졸업 및 취업 시기도 고려했고, 인간관계에 미치는 영향도 생각해보았다. 그런데 정작 진지하게 고민해보지 않은 것이 있었다. 가장 원초적인 부분을 놓친 것이다. 내 몸이다. 나이 오십의 몸.

굳이 비교하자면 나는 또래보다 심신이 다 젊은 편이었던 것 같다. 그러니 온갖 일을 벌이면서 분주하게 살아온 것이겠지. 판사일 하면서 책도 쓰고 칼럼도 쓰고 북토크도 하고 드라마 대본도 쓰고 자전거도 타고 골프도 치고 맛집도 찾아다니고 여행도 전투적으로 하며 살았다. 인도로 갈라파고스제도로 알래스카로 틈만 나면 세계 구석구석을 직접 계획하여 다녔고, 여행도 보통 여행이 아니라 출발부터 귀환 사이에 허투루 보내는 시간이 단 30분도 없이 스케줄을 꽉꽉 채운 여행들이었다. 하루 열 시간씩 운전하는 건 예사고, 여행비를 아끼겠다고 30유로짜리 호텔만 찾아다녔으며 40만 원대 저가항공 에어아시아로 호주까지 가기도 했다. 그래도 늘 즐거웠다. 언제 어디서든 머리만 바닥에 대면 바로 잠이 들었고, 푹 자고 나면 바로 회복하곤 했다.

그래서 나는 내가 영원히 젊을 줄 알았다. 시간만 무한히 주어진다면 우주 정복이라도 할 수 있을 것 같았다. 한 번 사는 인생, 계속 새로운 일에 도전하고 새로운 사람들을 만나면서 자체 멀티버스를 만들어가며 남들 몇 배의 밀도로 살고 싶었다. 바쁘기로 소문난 대법원 법원행정처에 근무하면서도 친한 늦깎이 성악가 후배의 미국 유학을 격려하기 위해 다분히 충동적으로 그의 독주회를 개최해주기도 했다. 술자리에서 "장하다! 내가 너를 위해 독주회 한번 열어줄게!" 한마디 던진 게 발단이었다. 그를 좋아하는 후원자들을 연결하고 최저 예산으로 장소를 물색하여 대관하고 100명이 넘는 각계각층 인사들을 초청하여 성황을 이루어냈다. 이 일을 대법원장에게 보고할 상고제도 개선안을 마련하느라 매일 야근하는 틈틈이 한 달 만에 해냈다. 신나게. 즐겁게.

그러니 법원을 떠나 자유의 몸이 되면 그야말로 훨훨 세계를 날아다닐 줄 알았다. 지금 생각하면 창피해서 얼굴을 들지 못할 얘기지만 당시 나는 왜 그 좋은 직장에 사표를 내느냐며 걱정해주는 친한 배우에게 "기다려. 내가 널 칸에 데려가줄게!" 큰소리치기도 했다(그는 나와 상관없이 이미 칸에 몇 번이나 갔다. 나좀 데려가주지). 혼자 골방에서 작가만 하는 건 재미가 없을 것 같아서 아예 콘텐츠 제작사를 만들어야겠다는 생각으로 〈겟 아웃〉〈어스〉 등을 제작한 블룸하우스나 무려 미야자키 하야오 감독의 제작사 스튜디오지브리를 모델 삼아, 내 색깔이 분명한 독립 제작사를 키워가겠다는 계획을 세우기도 했다.

그러고는 법원을 떠난 직후, 나는 갱년기를 맞이했다.

처음에는 코로나 탓이라고 생각했다. 매일 규칙적으로 출퇴근하다가 하필 코로나 시기에 프리랜서가 되는 바람에 집에서 뒹굴뒹굴하고 있으니 그렇겠지. 집합 금지로 사람 만나기도 어려워서 삶이 폐쇄적이 되어 그렇겠지. 나스닥 폭락으로 마음이 불안, 초조해서 그렇겠지.

다음에는 작가의 숙명이라고 생각했다. 불안이 영혼을 잠식하는 삶. 무한정한 선택지가 있는 반면 정답은 없는 무수한 갈림길 앞에서 어느 길로 가야 할지 끝없는 선택을 해야 하는 것이 창작이다. 뇌가 가장 싫어하는 상황이다. 스트레스 호르몬 코르티솔이 마구 분비된다. 내 뇌가 나와 싸운다. 사보타주한다. 나 좀 고생시키지 말고 편하게 누워 유튜브나 보라고, 뇌 빼고 좀 살라고 아우성친다. 나는 이 싸움에서 번번이 지곤 했다. 뇌와의 싸움에 져서 도피성으로 무의미한 웹서핑에 빠져 있을 때면 이번에는 불안에 취약한 심장이 나를 괴롭혔다. 심장이 조여드는 느낌. 밤낮 불안으로 쿵쿵, 쿵쿵, 불규칙하게 뛰는 느낌. 난생처음 찾아온 불면의 밤들.

이 모든 것이 다 부분적인 원인이겠지. 하지만 이제는 안다. 더 근본적인 이유가 있었다. 나는, 늙어가고 있었던 것이다.

법원을 떠나 새 삶을 시작한 해, 나는 만으로 딱 50세가 된 직후였다. 이후 내가 겪은 우울, 불안, 수면장애, 체중 증가, 의욕 저하 등등은 전형적인 갱년기 증세들이다. 코로나 위기, 보유 주식 폭락, 창작 스트레스 등도 물론 몸과 마음을 힘들게 만드는 요소들이다. 하지만 그전에는 힘든 일이 없었을까? 내 세대 대다수가 겪었을 법한 전형적인 어려움을 나 또한 겪으며 살아왔다. 가난, 파산, 가정불화, 어린 시절 어머니를 잃고, 고시에 떨어져 절망하고, 가족이 아프고, 직장에서 벌어지는 불합리에 분노하고, 업무의 중압감에 짓눌리고…… 원래 산다는 건 누구에게나 고통의 연속이다. 새삼스러울 것도 없다. 그걸 잊게 만들어주는 힘이 젊음이다. 뒤돌아보기보다 앞으로 나아가게 만드는 엔진이다. 젊음은 유연성이다. 그 엔진이 힘을 잃고 나니, 전 같으면 유연하게 받아넘겼을 일 하나하나가 쌓이고 쌓여 몸과 마음에 흔적을 남긴다. 부정적인 에너지가 내내 영향을 미치는 것이다.

귀밑머리가 세고 잠을 잘 못 자고 추위도 더위도 더 타고 쉽게 지치고 잔병치레가 늘고…… 처음 겪어보는 이 모든 신체적 변화들도 힘들다. 하지만 더 무서운 것이 있었다. 육체가 정신을 지배한다. 몸이 늙기 시작하니 마음마저 늙기 시작한 것이다. 무한한 자유를 찾아 새로운 길을 떠났는데, 갑자기 어딜 가도 즐겁지 않았다. 뭐든 할 수 있는 가능성을 얻었는데, 뭐든 하고 싶은 마음을 잃기 시작했다. 인생이란 참 지랄맞다.

내 평생 이토록 멍하게 지낸 시간이 없는 것 같다. 물론 객관적으로 보기엔 나름대로 이것저것 일을 꽤 하긴 했다. 드라마도 집필하고 책도 쓰고 작가회사도 만들고 신인작가 작품 크리에이터도 하고. 하긴 했는데, 정말 억지로 억지로 해냈다. 영원히 끝나지 않을 방학숙제를 하고 있는 느낌이다. 책 읽기와 글쓰기는 언제나 내게 즐거운 놀이였는데, 지금은 먹고살기 위해 꾸역꾸역 헤쳐워야 하는 일감 같다. 그게 참 슬프다. 처음이 주는 설렘을 잃은 것이다. 첫 독자, 첫 댓글, 첫 책, 첫 대본 리딩, 첫 촬영, 첫 방송…… 처음에는 모든 것이 설레고 즐거웠다. 잘해내고 싶었고 칭찬받고 싶었다. 그런데 지금은 읽기도 전에 이미 결말을 아는 소설 같다. 남아 있는 건 최소한의 의무뿐이다. 최소한 같이 일하는 사람들이 나로 인해 손해는 보지 말아야 한다. 최소한 가족의 생계에 지장을 줘서는 안 된다.

육체가 정신을 지배한다. 몸이 지치니까 마음도 쉽사리 지친다. 몸을 잘 움직이지 않으니 마음도 도전을 두려워한다. 가장 당혹스러운 것은 이제 겨우 노화의 첫 단계에 접어들었을 뿐이라는 점이다. 평균수명이 80세, 90세, 100세가 되어가는 시대, 이제 겨우 오십이 되어 처음으로 몸과 마음의 변화를 느끼기 시작했는데 벌써 이러면 어쩌란 말이냐. 매사에 의욕이 없어지고 즐거움이 없어지면 어떻게 남은 긴 시간을 살아가야 하나. 세상에 내가 이런 고민을 하게 될 줄은 꿈에도 몰랐다. 나는 평생 하고 싶은 것이 넘쳐나고, 하고 싶은 건 꼭 해야 직성이 풀리는 사람이었기 때문이다. 영원히 피터팬일 줄 알았던 나는 '나이듦'에 아무런 대비가 되어 있지 않았다.

그런데 가만히 생각해보면 내게는 이 분야에 관한 한국 최고, 아니 세계 최고의 롤모델이 가까운 곳에 계시다. 처외조부인 김형석 교수님이다. 1920년생이니 한 세기를 넘게 살아오신 분. 100세가 훌쩍 넘었는데도 책을 읽고 글을 쓰고 강연을 하신다. 신혼 때부터 교수님을 뵈었으니 벌써 28년째 뵙고 있다. 그런데 전에는 '와, 참 대단하시다. 어떻게 이렇게 늘 정정하시지?' 생각하는 정도였다. 내가 영원히 젊을 거라고 착각했기 때문이다. 노후의 삶을 고민해본 일 자체가 별로 없었다.

그분 생의 절반에 불과한 50년을 살고서야 비로소 100년간 몸과 마음을 건강히 한다는 것이 얼마나 대단한 일인지 조금이나마 체감하기 시작했다. 다른 무엇보다 그럴 '의욕'을 유지한다는 것 자체가 얼마나 어려운 일일까.

가까이서 뵐 기회가 조금 더 있다고 해도 그분만의 용한 '비결' 같은 것을 알지는 못한다. 내가 아는 것은 딱 두 가지. '꾸준함'과 '정신적 성장을 향한 관심'이다. 50년째 같은 시간에 수영을 하는 꾸준함. 매일 책을 읽고 글을 쓰는 습관. 몸무게조차 몇십 년째 변화가 없는 듯하다. 예전에는 몰랐는데 프리랜서가 되고 나니 이게 얼마나 초인적일 만큼 어려운 일인지 알겠더라. 50년은 고사하고 일주일도 꾸준히 운동하기 힘들었다. 출퇴근 같은 강제력 없이 일상에서 꾸준함을 유지한다는 것은 대부분의 인간에게 불가능에 가까운 일이다. 그게 되면 다이어트 업체들이 다 망하겠지.

그분은 "인생의 전성기는 75세다. 60세에서 75세 사이가 인생의 황금기다"라고 늘 말씀하시는데, 그 나이가 아직 되어보지 못해서 그런지 솔직히 이해는 잘 안 된다. 난 이제 겨우 오십인데 벌써 이렇게 징징거리고 있지 않은가. 다만 그분이 말하는 전성기, 황금기의 기준은 나와 완전히 다르다. '정신적 성장'과 '인격적 성숙'이 그분이 가장 중요하게 생각하는 가치이고, 75세까지는 공부하고 노력하면 정신적 성장이 가능하기에 황금기라는 것이다.

나는 정신적 성장과 인격적 성숙을 삶의 목표로 삼아본 적이 없다. 그저 늘 내가 그때그때 가장 좋아하는 일들에 몰두하며 살았을 따름이다. 최소한 타인에게 피해는 끼치지 말자, 하고픈 것들 다 하되 직업인으로서 책임은 다하자 정도가 내 윤리의 최대치였다. 여행하듯이 삶을 살았다. 늘 새로운 곳을 찾아 새로운 즐거움을 찾아 걸었다. 세계는 오로지 내 오감으로 감각하는 한에서만 의미 있었다. 새로운 맛있는 음식을 맛보고 처음 보는 절경을 눈에 가득 담고 아름다운 음악을 듣고 싶었다. 나는 오히려 영원히 성숙하지 않기를 원했다. 자유롭고 싶었다. 철저히 자유와 감각과 현실의 세계에 살았다. 의무, 정신, 초월의 세계는 내게 너무나 멀었다. 종교도 어떤 종류의 영적 체험도, 명상도 나의 흥미를 끌지 못했다.

옳고 그름의 문제는 아니다. 내 삶의 방식이 틀렸다고 생각하지도 않는다. 앞으로도 크게 바뀔 리 없다. 다만 '나이듦'의 세계에 접어들고 보니, 내가 살아온 방식은 지속 가능하지 않다는 사실을 깨닫고 있다. 여행자의 방식으로 새로움과 감각적 만족을 좇아 살려면 전제조건이 있다. 먼저 그 대상이 무궁해야 하고, 다음으로 내가 영원히 젊어야 한다. 현실세계는 유한하고 한계효용은 체감한다. 어떻게 영원히 새로움을 좇을 수 있겠는가. 계속 새로운 매혹의 대상이 생겨난다 해도 그것을 향유할 의욕이 지속되지 않는다면 또 무슨 의미가 있겠는가.

나는 갈림길에 서 있다. 지금껏 가보지 못한 길, 의무, 정신, 초월의 세계를 공부하며 정신적 성장과 인격적 성숙, 봉사와 헌신, 의무와 책임을 중심에 두는 지속 가능한 삶을 살 것인가. 아니면 지금까지 살아왔던 것처럼 죽는 날까지 늘 새로운 즐거움을 좇아 새로운 일을 벌이고 새로운 곳으로 여행을 떠나며 새로운 감각들을 즐기며 살 것인가. 다만 후자를 지속 가능하게 만들려면 젊어야 한다. 죽는 날까지 젊어야 한다. 몸도 마음도.

어쩐지 보통 이런 이야기의 정답은 뒤늦게 인생의 진리는 전자임을 깨닫고 철드는 쪽인 것 같은데…… 매력적인 오답은 후자인 것 같고, 난 아직 기꺼이 오답을 택하고 싶다. 죽는 날까지 철없이 살고 싶다. 그 과정에서 우울하고 쉽게 지치고 아프고 변덕이 널뛰고 온갖 어리석은 실수를 저지른다고 해도 말이다. 나는 더 놀고 싶다. 그동안 이미 열심히 놀았지만 앞으로도 죽는 날까지 더 치열하게 놀고 싶다.

그러기 위해 우선 걷기부터 하고 간헐적 단식부터 시작해본다. 올해만도 여섯번째 시작하는 거지만.

## 경제적 자유 얻기1
## #꿈 편

　요즘 사람들이 크게 관심 갖는 주제 중 하나가 재테크로 경제적 자유 얻기인 것 같다. 서점에도 유튜브에도 온갖 투자비법이 사뭇 과학적인 양 눈길 끌기 경쟁중이고, 재테크로 이른 나이에 경제적 자유를 얻었다며 부를 과시하는 이들이 현자 행세를 한다.

　그런데 23년간 판사를 하면서 알게 된 세상의 불편한 진실 중 한 가지는, 남들이 한사코 당신에게 권하는 것은 대체로 그들의 이익이 되는 일들이고, 반대로 남들이 한사코 감추고 자기만 알려고 하는 것은 진짜로 당신의 이익이 되는 일들이라는 점이다. 무엇보다 실제로 이른 나이에 '경제적 자유'를 얻었다면 그리 기를 쓰고 열심히 유튜브니 강연이니 하면서 돈 벌려고 아등바등 애쓰지 않는다. 경제적 '자유'라는 말 자체와 모순이지 않은가. 참고로 역대 최고액 로또 당첨자는 동료들에게도 친척들에게도 철저히 당첨 사실을 숨긴 채 직장을 그만두고 이민 가서 조용히 살고 있다고 한다.

직업상 온갖 사기꾼 및 투자 실패로 패가망신한 사람들을 보아온 나는 투자에 굉장히 부정적인 시각을 갖고 있었다. 어차피 정년까지 공무원생활을 하고 은퇴 후에는 연금 아껴 쓰면서 살면 된다는 사고방식이었다. 하지만 안정된 공무원생활을 접고 전업작가라는 프리랜서의 삶을 살기로 마음먹으니 상황이 완전히 달라졌다.

프리랜서란 백수와 종이 한 장 차이다. 언제 갑자기 수입이 제로가 될지 모른다. 재정 문제에 관한 불안이 클 수밖에 없다. 평균수명은 갈수록 길어져 대부분 80~90세까지 사는 시대인데, 그렇다고 '건강하게' 오래 사는 시대가 된 것은 아니다보니 의료비, 요양비 부담은 갈수록 커진다. 나이 오십에 프리랜서로 새 인생을 살겠다면서 노후를 보장해줄 자산 따위는 내게 없었다.

나의 미래 소득은 책을 써서 버는 인세와 드라마를 써서 버는 고료다. 슬프게도 독서 인구는 늘지 않고 출판시장이 어렵다는 이야기는 거의 20년째 듣고 있다. 그나마 믿을 구석은 드라마 쪽인데, 드라마작가 수입은 일정하지가 않다. 드라마 한 편 기획해서 방송되기까지는 아무리 빨라도 2년 반 정도. 유명 작가들도 3~4년 걸리기 일쑤고, 준비하다가 이런저런 사정으로 엎어지고 다시 준비하고 하다보면 그보다 더 오래 걸리는 경우도 많다. 수입이 적지는 않지만 몇 년에 한 번 들어오는 구조인 것이다. 차기작이 나오기까지 10년이 걸릴 수도 있고, 이번 작품이 마지막일 수도 있다. 꾸준하거나 예측 가능한 현금흐름이 아니다. 부정기적인 수입을 잘 관리하지 않으면 수입이 없는 시기에 심각한 재무 위기에 놓이게 된다.

젊은이들은 미래의 '경제적 자유'를 꿈꾸며 재테크 공부를 한다지만 오십의 나이에 프리랜서의 삶을 시작하는 나는 자유가 아니라 생존 때문에 공부가 필요했다. 프리랜서생활의 불확실성을 조금이나마 보완하려면 재무 대책이 반드시 필요했다. 문제는 나는 그 나이가 되도록 기본적인 공부도 되어 있지 않았다는 점이다. 공무원 월급으로 서울에서 자녀 둘을 키우며 살다보니 할 줄 아는 것이라고는 그저 예금금리를 0.1퍼센트라도 더 주는 은행 찾기 정도였다. 주식은 손대면 큰일나는 도박판 정도로 생각했다. 나는 거의 백지상태에서 명예퇴직을 반년 남짓 앞두고 뒤늦게 절박한 마음으로 공부를 시작했다.

재테크 공부와 그 결과 이야기를 쓰자니 망설이게 된다. 투자 전문가도 아닌 주제에 감히 이 주제에 대해 뭘 얼마나 안다고 쓸 수 있을까 싶기도 하고, 요즘 같은 시대에 이런 경험 정도는 누구나 해봤을 터라 뻔한 이야기가 될 것 같기도 해서다. 그럼에도 불구하고 이 이야기를 쓰는 이유는 혹시라도 나와 같은 경험을 하게 될 누군가에게는 조금이라도 도움이 되면 좋겠다는 마음 때문이다. 부디 그랬으면 좋겠다.

부끄럽지만 처음에는 나에게 투자에 적합한 몇 가지 자질이 있다고 생각했다. 헛된 일확천금을 꿈꾸지 않고 남의 말을 쉽게 믿지 않는 성격. 철저하게 데이터와 객관적 근거에 의지해서 판단하는 사고방식. 내게 그런 면들이 있다고 믿은 것이다. 무엇보다 공부 하나는 자신 있었다. 각 분야 재테크 서적을 사서 면밀하게 공부하면서 내게 맞는 재테크 방법을 고민했다.

### • 저축

우선 극보수적으로 원금이 보장되는 저축상품부터 알아보았다. 예금자보호법의 보장 범위 내에서 저축은행, 신협 등의 고금리 상품들도 전국 범위로 찾아보았다. 은행보다는 훨씬 높은 금리를 주는 곳이 많았지만, 물가상승률을 감안해보면 저축으로 '경제적 자유'를 이루는 것은 무리였다. 열심히 고금리 예금상품을 찾아도 당해 연도 물가상승률보다 조금 더 높은 수준. 결국 예금으로는 자산 가치를 보존하는 정도 이상은 쉽지 않다.

### • 부동산

저출생, 저성장이 장기적인 추세가 된 시대에 '부동산 불패'

신화도 옛말인 것 같다. 이제는 오르는 곳만 더 오르리라는 것이 다수 전문가의 견해다. 문제는 더 오를 곳들은 이미 어마어마하게 비싸다는 점. 반면 아직 저평가되었지만 미래에는 대박이 날 곳을 알아볼 식견이 없고, 지금도 비싸지만 앞으로 더 오를 부동산을 구입할 자산은 없다. 시중에 유통되는 정보는 믿기 어렵다. 진짜로 저평가된 좋은 부동산을 알아볼 식견을 가진 고수들은 영혼까지 끌어모아 자기와 가족 명의로 매입하기에도 여력이 없다. 그걸 굳이 남에게 알려줄 이유가 없다. 취득세, 보유세, 양도세, 재산세…… 세금이 어마어마하다는 것도 감안해야 하고, 자금이 오래 묶여서 필요할 때마다 조금씩 팔아 쓸 수 없다는 것도 단점이다. 투자를 위한 대출이자를 감당하기 힘들어 하우스푸어로 전락할 위험도 크다. 결국 1급지 부동산을 장기투자용으로 구입할 만한 여유자금을 보유한 이들에게는 부동산 투자가 여전히 좋은 옵션이겠지만, 그렇지 못한 대부분의 사람들에게는 그림의 떡 아닐까.

- 채권

큰부자일수록 주식보다 채권 투자를 선호한다고 한다. 변동성이 상대적으로 적기 때문이다. 큰부자와 매우 거리가 멀지만 어떤 분야든 그 분야의 톱티어들을 배우고 모방하는 것이 정석이라는 생각에 채권 투자도 알아보았다. 개미들은 채권형 펀드를 통해 투자가 가능했다. 그런데 5년 수익률이 신통치 않았다. 은행 예금보다 특별히 나은지도 잘 모르겠다. 마침 지인 중 채권 투자를 전문으로 하는 글로벌회사 한국법인 대표가 있어서 물어보았다. 그 투자사는 개인 고객은 상대하지 않고 기관만 상대하는 회사였고, 최고 전문가들이 국제 경기를 치밀하게 분석해가며 자금을 운용하는 곳인데, 연평균 목표 수익률이 5퍼센트라고 했다.

한번은 생전 그런 이야기를 하지 않던 양반이 10년에 한 번 올까 말까 한 채권 투자의 적기가 온 것 같다고 한 적이 있다. 그래서 올해 어느 정도 수익을 예상하느냐고 물었더니 한참을 망설이다가 연 9퍼센트 정도는 가능하지 않을까 싶다고 조심스럽게 이야기했다. 참고로 그 당시는 테슬라를 포함한 나스닥 광풍이 불어 주식카페마다 개미들이 100퍼센트 수익을 앞다투어 인증하던 시기였다. 게다가 채권 투자라고 해도 원금 손실 위험이 없는 것은 아니다. 아, '큰부자' 내지 기관 들이니까 굴리는 돈이 몇백억, 몇천억 이상이어서 예금보다 수익률이 1퍼센트, 아니 0.1퍼센트만 높고 주식보다 손실 위험이 적으면 채권 투자를 하는 것이구나, 깨닫고는 이쪽은 내 길이 아닌 것으로 접고 말았다.

• 주식

결국 나 또한 대세인 주식만이 개미의 살길이라는 결론을 내렸다. 처음에는 심리적 저항이 있었다. 파산부에 근무하면서 개인파산, 개인회생 사건으로 법원을 찾아온 숱한 이의 사연을 읽은 경험 때문이다. 주식 투자로 패가망신한 사람은 셀 수 없이 많은데 그 반대의 경우는 쉽게 찾기 어렵다. 그런데 미국의 경우를 보면 또 다르다. 미국 근로자들은 여유자금을 평생 주식시장에 적립식으로 투자하여 수익으로 은퇴자금을 삼는 경우가 많다. 미국처럼 우량주에 장기투자한다면 괜찮지 않을까 생각하면서 주식 공부를 시작했다.

그때만 해도 낮과 밤이 거꾸로 돌아가는 해외 주식시장에 투자하기란 망설여지는 일이었고, 아무리 그래도 사정을 조금 더 잘 알고 빠른 대응을 할 수 있는 국내 시장이 낫지 싶었다. 그래서 계좌를 개설하고 누구나 알 만한 우량주들을 검색해보았다. 그런데 놀랍게도 유명한 대기업이나 공기업이라고 하여 주가가 다 우상향 곡선을 그리지는 않는다는 사실을 알게 되었다. 10년째 제자리걸음인 회사도 있고, 우하향중인 회사, 미친듯 오르락내리락 널을 뛰는 회사도 있었다. 그나마 장기적으로 확실한 우상향 곡선을 그리고 있는 회사는 그때만 해도 삼성전자였다.

사실 법원에도 오래된 도시전설 같은 이야기가 떠돈다. 예전에 나이 지긋한 부장판사 한 분이 있었는데, 초임판사 시절부터 생활비 쓰고 돈이 만 원이 남든 10만 원이 남든 은행에 예금하지 않고 무조건 삼성전자 주식을 샀다고 한다. 그리고 단 한 주도 팔지 않고 보유했다. 무려 30년 동안. 그리하여 백억대 자산가가 되어 이른바 '경제적 자유'를 일찌감치 달성하고도 티내지 않고 묵묵히 검소한 생활을 유지하면서 조용히 지방에서 판사생활을 하고 있다는 이야기였다. 실존 인물인지 아닌지는 확인할 수 없었지만, 삼성전자의 과거 30년 주가 그래프를 보면 고개가 끄덕여지는 이야기기는 하다.

나도 그 선현의 뒤를 따르기로 결심하고 평생 저축한 돈 절반을 떼 삼성전자(이하 삼전) 주식을 구입했다. 난생처음 재테크라는 세계에 발을 들여놓은 것이다. 주식이란 사는 순간부터 손실을 감수해야 하는 물건이다. 수수료 때문에 사자마자 마이너스로 시작하는 것이다. 무엇보다 내가 사면 떨어지고 팔면 올라가는 신비한 주식시장의 법칙은 개미들을 괴롭힌다. 삼전이라고 그 법칙에서 예외는 아니더라. 이 신비한 법칙은 왜 존재하는 걸까? 생각해보면 간단하다. 심약한 개미들은 안전한 주식, 올라갈 주식을 찾아 망설이고 망설이다가 계속 상승세의 든든한 주식을 골라 비로소 매수 버튼을 누른다. 그 말은 곧 상당 기간 이미 오를 만큼 오른 주식을 뒤늦게 산다는 얘기다. 아무리 좋은 회사도 좋은 시기, 싼 가격에 사야 하는데, 좋은 회사 주식이 싼 가격일 때란 온갖 악재와 나쁜 뉴스로 도배되고 다시 올라갈 가망이 없어 보이는 시기다. 그 시기에는 아무리 좋은 회사도 위험한 투자처로 보인다. 개미의 마음이 든든한 투자 시기란 이미 늦은 시기라는 뜻이다.

내가 사기 전 몇 달 동안 잘만 오르던 삼전이 횡보 내지 하락하며 계좌에 찍히는 마이너스 금액(지금 생각해보면 참 귀여운 숫자들이었는데……)에 가슴이 벌렁거리고 잠이 안 오던 날이 한동안 계속되다가, 남들이 열광하는 핫한 코스닥 주식에 눈이 돌아가기 시작했다. 바이오 열풍 시기였다. 엄청난 신약을 만들어서 미국 FDA 승인을 앞두고 있다 어쩐다 하는 뉴스가 가득했다. 무엇보다 무시무시한 상승세가 놀라웠다. 불과 두 달여 만에 바닥에서 이미 열 배 정도나 오른 상태였는데도 매일매일 쑥쑥 상승 그래프를 그려가고 있었다. '헛된 일확천금을 꿈꾸지 않고 남의 말을 쉽게 믿지 않는 성격'인 나는 어느새 이 회사 관련 뉴스 및 이 회사 투자자 카페 회원들의 신심에 가득찬 글을 홀린 듯이 찾아 읽고 있었고, '철저하게 데이터와 객관적 근거에 의지해서 판단하는 사고방식'으로 회사가 일방적으로 제시하는 숫자와 장밋빛 로드맵을 금과옥조로 여기기 시작했다. '무엇보다 공부 하나는 자신 있다'는 마음으로 생소한 바이오 분야 용어와 관련 분야 주가 리포트를 공부하기도 했다.

그리고 처음에는 신중하게 삼전 주식을 조금씩 팔아 바이오회사로 옮기기 시작했다. 새벽 4시의 신호등처럼 늘 파란불이던 내 계좌에 빨간불이 들어오기 시작했다. 하루하루 증시 개장이 기다려지기까지 했다. 추이를 보며 10퍼센트씩 분할해서 옮기겠다는 처음 생각은 눈 녹듯 사라지고 며칠 만에 삼전과는 바이바이. 전 금액을 바이오회사에 올인. 그러고는 불과 일주일 후에 나는 100퍼센트라는 놀라운 수익률이 찍힌 휴대전화 화면을 넋 놓고 보게 되었다. 엄청 큰돈은 아니지만 월급쟁이가 평생 조금씩 저축한 돈의 절반이다. 그만큼을 투자했는데 불과 2주 만에 두 배가 된 것이다. 이래서 '경제적 자유' 운운하는구나 실감이 났다.

자, 이제 어떻게 할 것인가. 하루만 지나면 그 회사 CEO가 자신해 마지않는 신약의 FDA 신청이 이루어지는 날이었다. 예상대로 성공적으로 이루어지면 그동안의 상승보다 더한 급등을 기대할 수 있었다. 나는 문득 엉뚱하게도 수나라의 고구려 침략 때 을지문덕이 수나라 장수 우중문于仲文에게 보낸 시가 떠올랐다.

신기한 계책은 천문을 꿰뚫고
교묘한 계산은 지리에 통달했네
싸움에 이겨 공 이미 높으니
족함을 알고 그만두기를 바라노라

그래, 이쯤에서 감사하는 마음으로 족함을 알고 그만두는 게 정답이다. 시험에서 정답 찾기만은 누구한테도 진 적이 별로 없었던 나는 주식앱의 매도 버튼에 손을 올려놓았다.

그 순간, 불현듯 또다른 말 한마디가 나를 강렬하게 사로잡

왔다.

'죽을 때 죽더라도 히든은 보고 죽어야지.'

포커판에서 도박꾼들이 하는 얘기다. 큰판에서 히든카드 한 장 남았는데 그걸 뒤집어보지 않고 스스로 승부를 포기하기란 쉽지 않은 일이다. 포기한 후에 뒤집어봤는데 대박인 패였으면 그 고통이 버텼다가 잃을 손실의 고통 못지않을지 모른다. 게다가 어차피 단기간에 두 배나 올랐으니 반토막 나도 본전이다. 우리나라 증시는 30퍼센트로 변동폭을 제한하고 있으니 하락세로 돌변하면 첫날 바로 전량 매도하면 그만이다. 수학적으로 기대이익과 기대손실, 각 경우의수를 계산하면…… 어쩌고저쩌고 온갖 그럴듯해 보이는 논리가 엄청난 속도로 머릿속을 가득 채웠다.

결국 그 회사 주식을 전량 그대로 보유한 채로 운명의 날이 밝아왔는데……

# 경제적 자유 얻기2
## #현실 편

주식시장에 확실한 건 아무것도 없었다. 회사와 투자자들, 소위 전문가들이 그토록 장밋빛으로 예측했던 FDA 신청은 알 수 없는 이유로 무기한 연기. 그날 나는 소싯적 읽었던 이문열 소설의 제목을 떠올렸다. '추락하는 것은 날개가 있다.'

하지만 현실엔 날개 따위는 없었다. 너무 높이, 태양 가까이 날자 날개가 녹아 떨어져버린 이카로스처럼 미친듯 오르던 주식 계좌는 그만큼이나 맹렬한 속도로 자이로드롭을 탔다. 그리고 나는 정작 주식이 급락할 때 바로 매도하는 게 얼마나 어려운 일인지 뒤늦게야 깨달았다. 모두가 물건을 던지고 있는 마당에 내놔도 팔리질 않으니 더 싼 가격에 내놔야 하는데, 그 순간 온갖 생각이 드는 거다. 회사가 망한 것도 아닌데 너무 성급한 게 아닐까. 집단 패닉의 물결에 휩쓸리는 건 아닌지 이성적으로 생각해 조금만 더 기다렸다가 반등 타이밍에 퇴각하는 게 합리적이지 않나. 연기 사유가 밝혀지고 다음 일정만 나오면……

그렇다. 저 이성, 합리 운운하는 생각은 사실은 공포와 미련, 자신의 판단 실패를 인정하기 싫어하는 본능이 뒤섞인 철저히 비합리적이고 감정적인 태도에 불과했다. 애써 스스로를 속이는 자기기만적 존재, 그것이 인간이다. 나는 여느 개미들과 단 한 치도 다르지 않았다. 그냥 전형적인 개미였고 불나방이었다.

고백하노니 나는 그 무시무시한 마굴인 네이버 주식 종토방(종목 토론방)에서 내가 산 회사 주식이 올라갈 때 더 올라가라고 실시간으로 '영차' '영차' 댓글을 줄줄이 다는 개미들을 보며 차마 댓글은 못 달아도 마음속으로 '영차'를 외쳤다. 중독자처럼 주식앱을 수시로 들여다보며 허수에 불과한 순간의 수익률에 행복해했다. 전업투자자로 사는 것도 재미있지 않을까 망상에 빠지기도 했다. 처맞기 전까지는 말이다.

그리하여 나는 날개 없이 추락하는 그 주식 절반은 겨우 팔았지만 나머지는 희망 고문 속에 석 달을 더 들고 있었고, 결과적으로 한때 플러스 100퍼센트가 넘던 수익률이 마이너스 30퍼센트를 찍고 나서야 비로소 백기를 들고 빠져나올 수 있었다.

이 사건 뒤 철저한 반성 끝에 이후 초초초우량주 투자만 하기로 했고, 그런 관점에서 보면 한국 1등보다 전 세계 1등이 낫지 않나 싶어서 나스닥 주식들을 공부하기 시작했다. 이른바 MAGA로 불리는 인류 최고의 기업들과 사랑에 빠진 것이다. 여기가 망할 정도면 어차피 지구 경제 전체가 무너지는 파국 아닐까 하는 생각으로 이 네 회사에 저축액 전액만으로 모자라 퇴직금까지 집어넣었다.

그러고는 진짜로 지구 경제 전체가 무너지기 시작했다. 내가 나스닥에 올인한 직후인 2020년 2월 중순, 코로나가 세계를 덮친 것이다.

퇴직 직후, 고정수입 제로 상태의 50대 아재가 모든 자금을 올인한 나스닥 주식들이 대공황 수준으로 폭락하는 걸 지켜봐야만 했다. 그러고는 이번만은 지난번의 어리석음을 되풀이하지 말자는 각오로 빠르게 전액 손절을 감행했다. 코로나 사태로 인한 대공황이 몇 년 갈지 모르니 무조건 탈출이 답이라고 생각하면서.

그리고 거짓말처럼 나스닥은 미친듯이 회복하기 시작했다.

……여기까지 쓰고 나니 솔직히 더 쓰기도 싫어진다. 이건 재난영화를 넘어 장르가 나홍진 감독의 〈곡성〉 쪽 아닌가 싶다. 미끼를 확 물어분 것이여!

이후 스토리를 간추리자면 한참 뒤늦게 앞서 말한 4대 천왕 회사 주식들을 다시 사들여서 1년 후 겨우 플러스 전환에 성공했다. 그러고는 또 한번 과도한 낙관에 빠져 〈악마판사〉 다음 작품 계약금을 2021년 말 고점에 또 올인했다가 2022년 내내 또 한번 '추락하는 것은 날개가 없다'를 찍고, 1년 내내 버티다가 연말이 되니 이러다 제명에 못 살 것 같아서 손절. 이쯤 되면 예상하겠지만 내가 손절하자마자 2023년부터 미친 듯한 급등.

그래도 이번에는 그나마 너무 늦지 않게 다시 상승세에 올라타서 2023년 말경에는 눈뜨고 볼 지경은 되었고, 지금은 그동안의 온갖 시행착오로 배운 덕에 조금은 성과가 나아지고 있다.

이 기나긴 과정에서 얻은 교훈은 다음과 같다.

**첫째, 개미는 절대 매도·매수 타이밍을 맞출 수 없다.**

열심히 공부하면 초우량주, 미래에 성장할 회사를 찾을 수는 있다. 하지만 그 주식을 언제 사서 언제 팔아야 할지는 알 수 없다. 테슬라는 대단한 회사다. 하지만 테슬라가 미래 가치 덕분에 100배나 이미 오른 상태에서 매수한 서학개미 대부분은 피눈물을 흘렸다. 그럼 테슬라가 급락할 때 매수하면 되지 않느냐고? 급락에는 다 이유가 있기 때문에 온갖 부정적 뉴스가 쏟아지는 와중에 매수하기는 정말 힘든 일이고, 그걸 견디고 매수했다고 해도 지금이 바닥인지, 이제 절반 정도 떨어진 건지, 아니면 10년에 걸친 장기 하락의 시작인지 월가의 전문가도 맞히지 못한다. 하물며 개미가? 무릎에서 사서 어깨에서 팔라는 증권가의 격언도 실전에는 의미가 없다. 지나고 보니 무릎이고 어깨였음을 아는 거지, 당장 그 순간에는 지금이 허벅지인지 배꼽인지 알 방법이 없는 것이다. 결국 홀짝게임을 하는 것과 마찬가지인데 매매할 때마다 수수료와 세금이 발생하여 투자원금을 보전하기도 쉽지 않다. 장시간 반복되면 복리효과에 따라 이로 인한 마이너스 효과도 눈덩이처럼 커진다.

그렇다면 개미가 살길은? 매도·매수를 할 필요가 없이 부동산처럼, 예금처럼 장기간 투자하는 방법밖에 없지 않을까. 그 방법은 시장 전체를 사는 것이다. S&P500이나 나스닥100 ETF는 운용기관이 알아서 시장의 1등부터 500등까지, 1등부터 100등까지의 초우량회사 주가에 연동하여 운용하고, 그중 실적이 나빠 밀려나는 회사는 새로 등수 안에 들어오는 회사로 대체한다. 앞서 언급했던 30년 동안 돈이 생길 때마다 삼전 주식만 샀다는 부장판사처럼 평생 S&P500만 저축하듯 구매하고, 돈이 필요할 때 외에는 아예 매도는 안 하는 것이 수익률을 높이는 검증된 개미 투자법이다. 많은 미국 개미가 이 방법으로 은퇴자금을 마련하고 있다.

나는 수익률 욕심을 완전히 버리지 못하고 S&P3 전략을 유지하고 있다. 미국 시가총액 톱 1, 2, 3위의 주식만 보유하는 것이다. 2025년 10월 기준 현재는 엔비디아, 애플, 마이크로소프트이다. 4위와의 차이가 큰 빅3만 유지하고 있는 것이다. 이유는 인공지능, 양자컴퓨터 등 산업혁명을 능가하는 엄청난 기술혁신들이 인류의 미래를 급속도로 변화시키는 시대이기 때문에 이를 선도하는 기업과 전통적인 우량주들 사이의 주가 격차가 클 것 같아서다. 전교 1등권과 100등권 사이의 격차가 예전보다 점점 더 커지리라 보는 것이다. 그렇다고 이 세 회사가 앞으로도 계속 미래를 선도한다는 뜻은 아니다. 이들도 순위가 떨어지면 가차 없이 버리고 새로운 톱3로 갈아탈 것이다. 2등과 3등의 격차가 커지면 아예 톱2로 바꿀 것이고. 온갖 시행착오 끝에 이 전략을 취한 이후 비로소 마음의 안정을 찾았다. 과거 데이터를 보면 이런 전략의 수익성 및 안정성이 S&P500 전략보다 나아 보이기는 한다. 하지만 미래는 아무도 모르고 또 어떤 예상치 못한 상황('블랙 스완')이 발생해서 이미 검증된 S&P500이 나았음을 뒤늦게 깨달을지도 모른다. 2000년대 초반 '닷컴버블' 시기에 폭락했던 나스닥이 회복하는 데는 10년이 걸렸다. 시장에 확실한 것은 아무것도 없다. 상대적으로, 확률적으로, 잠정적으로 나은 선택이 있을 뿐이다.

**둘째, 투자로 단시간에 부자가 되는 것은 불가능하다.**
　물론 예외는 있을 것이다. 도박판에도 돈을 버는 사람은 있고, 로또로 부자가 되는 사람도 있다. 그런데 그런 사람이 전체 중 몇 퍼센트일까. 주식시장도 마찬가지다. 여러 연구결과에 의하면, 개인투자자의 90퍼센트 이상은 빈번한 매매와 감정적 결정으로 인하여 수익률이 장기적으로 시장 평균에도 미치지 못하며, 수익보다 손실을 경험한다고 한다. 내 주변에도 내가 이런 이야기를 하면, 나는 이런이런 종목 사서 한 달 만에 몇십 퍼센트 벌었는데? 라며 반박하는 이들이 있다. 그럼 그 종목에 본인 전 재산을 투자해서 큰돈을 벌었느냐고 물어보면 대답이 없다. 사람들은 모험적인 투자에 자산 중 극히 일부를 투자하고는 얼마를 벌었다며 '수익률'을 자랑하곤 한다. 하지만 중요한 것은 수익률이 아니라 수익액이다. 전 재산을 투자해야 하는 상황이면 누구든 모험적인 투자를 하기 어렵고 수익률은 낮지만 안정적인 투자처를 찾을 수밖에 없다.

한두 번 과감하게 모험적인 투자에 거액을 투입하여 큰돈을 벌었다고 치자. 하지만 그 상황에서 과감하게 모든 것을 현금화하고 그때부터는 안정적인 자산관리로 전략을 바꿀 사람이 얼마나 있을까. 자신감과 도파민에 중독되어 계속 모험적인 투자를 반복하다가 머지않아 원금까지 날리는 사람이 더 많다. 도박판과 다를 바 없는 것이다. 이런 사람들은 ETF나 초우량기업들은 '재미없어서' 관심 없다며 열 배, 백 배 오를 주식만 찾아다닌다. 세 배 레버리지를 좋아한다. 이런 부류는 실은 '재미'를 위해 투자를 하는 것이지 돈을 벌기 위해 하는 것이 아니다. 스스로 모를 뿐 도박중독자다.

앞에서 글로벌 채권 투자회사의 연평균 목표 수익률이 5퍼센트라고 했다. 팬데믹, 전쟁, 인플레, 금융위기…… 2~3년에 한 번씩은 반드시 금융시장에 대폭락이 찾아온다. 그런 와중에 10년, 20년에 걸쳐 연평균 5퍼센트의 수익률을 올리기란 결코 쉽지 않다. 개미의 대부분은 이 정도의 성과도 올리지 못하고 오히려 손실을 보고 만다.

　냉정하지만 투자로 단시간에 부자가 되는 것은 불가능하다. 솔직히 말하면, 장시간에 부자가 되기도 쉽지 않다고 본다. ETF나 초우량주 투자에 대성공해서 10년간 연평균 10퍼센트의 수익을 내는 데 성공했다고 치자. 연복리로 계산하면 수익률 159.37퍼센트. 1억을 투자했으면 2억5900만 원이 된다. 물론 큰돈이고 대단한 성과다. 하지만 화폐가치 하락을 고려하면 이야기가 달라진다. 전 세계적으로 통화량이 계속 증가하고 있으므로 우리가 보유한 화폐가치는 가만히 있으면 계속 떨어진다. 팬데믹 이후에 미국이 찍어낸 어마어마한 달러를 생각해보라. 10년 후의 2억5900만 원은 과연 지금의 1억 원보다 얼마나 큰 가치를 갖고 있을까? 미래는 알기 어려우므로 과거와 비교해보자. 10년 전 체감 물가와 지금 우리의 체감 물가는? 10년 전 집값과 지금 집값은? 우리는 거세게 흐르는 물살 속에서 떠내려가지 않으려고 필사적으로 헤엄을 치고 있는 것 아닐까. 제자리걸음이라도 하려고.

**셋째, 하지만 그렇다고 투자를 하지 않으면? 장기간에 걸쳐 빈곤해진다.**

이것 하나만은 확실하다. 화폐가치는 장기적으로 계속 하락하고 저축만으로는 제자리걸음도 버겁다. 과거 같은 고금리 시대가 돌아올 것 같지도 않다. 인공지능과 로봇기술의 발전으로 고용 없는 성장 추세가 가속화될 것이므로, 경제는 성장해도 개인들은 갈수록 더 빈곤해질 가능성이 높다. 어렵게 기본소득이 도입된다 해도 말 그대로 '기본'소득일 뿐, 상대적 빈곤을 피하기는 어려울 것이다. 그런데 대책 없이 평균수명은 길어지고 있다. 현저히 줄어든 수입으로 버텨야 할 노년이 수십 년에 이를 수도 있다.

이런 세계적인 추세뿐만 아니라 우리 사회 특유의 문제도 있다. 노후 대비는 엄두도 내지 못한 채 자녀교육에 올인하는 풍조다. 그 결과는? 경제협력개발기구OECD 최고 수준인 노인 빈곤율이다. 통계청에 따르면 2023년 기준 65세 이상 노인 인구의 상대적 빈곤율은 38.2퍼센트에 이른다고 한다. 게다가 전통적으로 저축만을 장려하고 투자를 죄악시하는 문화가 있었다. 금융 교육, 투자 교육을 제대로 받아본 적도 없다. 나 또한 오십이 되도록 무지했다. 다행히 젊은층들은 내 세대와 달리 투자에 관심이 지극히 많긴 하지만, 장기적이고 안정적인 투자보다 단기간에 부자가 되려는, 투기에 가까운 방법들에만 관심이 집중되는 경우가 많다. 이는 단기간에 확실하게 빈곤해지는 길일 뿐이다. 내가 파산부에 근무하던 시절 숱하게 보았듯이.

결국 재테크의 현실적인 목표는 우리가 열심히 일하여 번 자산가치를 최소한 지키기라도 하는 것 아닐까. 부자가 되기 위해서가 아니라, 노후에 빈곤해지지 않기 위해. 지금 시대에 투자는 생존을 위한 필수 수단인 것이다.

**넷째, 투자는 행복을 위한 수단이지 그 자체가 목적이 되어서는 안 된다.**

가장 뼈저리게 깨달은 점이다. 매일 노심초사하고 수명이 줄어드는 듯한 공포 속에서 투자에 매달리다가 운좋게 큰 수익이 났다고 해도 분명히 반대급부가 따른다. 행복은 순간이고 불안과 공포, 자학이 대부분인 일상을 살게 된다. 마음이 편안해야 매일 행복하게 살 수 있다.

투자에 과하게 몰입하면 절대로 본업에 충실할 수 없어서 본말이 바뀌게 된다. 차라리 예금에 묻어놓고 자기 본업에 충실한 채 지속적인 현금흐름을 만들어내는 것이 장기적으로 볼 때 훨씬 나은 투자방식이다. 게다가 그 과정도 훨씬 편안하고 행복하다. '일'은 사람에게 그 자체로 중요한 가치다. 사회적 동물인 인간은 일을 통해서 타인과 관계를 맺고 '인정'을 받는다. 혼자 골방에 돈을 쌓아놓고 백수로 산다고 영영 행복할 수 있을까?

'경제적 자유'란 그런 삶을 지칭하는 것은 아닐 터이다. 그보다는 재정 문제 때문에 하기 싫은 일에 매여 살지 않아도 되는, 하고 싶은 일을 하면서 보람 있게 살 수 있도록, 백업이 되어 있는 삶을 말하는 것이 아닐까.

우리는 먼 미래에 부자가 되어 놀고먹는 백수가 되려고만 인생을 살지는 않을 것이다. 오늘 하루를 행복하게, 사랑하는 가족이나 친구들과 소중한 시간을 보내기 위해 산다. 그것을 잊는다면? 톨스토이의 단편 중에 「사람에게는 얼마만큼의 땅이 필요한가」라는 작품이 있다. 악마가 나타나서 한 농부에게 해가 지기 전에 네가 달려간 만큼 땅을 주겠다고 약속한다. 자기 땅을 갖게 되리라는 기대에 찬 농부는 미친듯이 달렸다. 내딛는 발걸음마다 이 또한 내 땅이 된다는 생각에 멈출 수가 없었다. 몇 시간이고, 먹지도 마시지도 쉬지도 않고 죽을힘을 다해 정말 멀리까지 달리고는, 해가 지는 순간 땅바닥에 쓰러져 숨을 거둔다. 지금 재테크에 노심초사하며 본업에 충실하지 못하고 사랑하는 사람들과 보낼 시간은 낭비하고 있는 이들이 이 우화를 읽었으면 좋겠다.

## 슬럼프에서 빠져나오기

전업작가생활 5년 사이에 얻은 것들이 있다.

- 뱃살과 몸무게 8킬로그램

- 생전 없던 불면증과 심장 두근거림 증상

- 혼자 중얼거리는 버릇

- 흰머리

- 거북목과 굽은 등

- 반강제로 체득되는 겸손함(집 나간 자뻑을 찾습니다)

- 내 코가 석 자라 생기는 세상일에 대한 무관심

- 유튜브 중독

- 독서 불능증

- 쓰기 싫다병

이런 증세가 심해진 데는 물론 이유가 있다. 스스로 인정하기 싫어서 아닌 척했지만, 사실은 뼈저린 실패를 경험한 후유증이었던 것 같다.

발단은 지나친 자신감이었다. 2021년은 대한민국 드라마업계가 온통 장밋빛 희망으로 부풀어오르던 시절이었다. 〈오징어 게임〉의 어마어마한 히트 이후 전 세계가 한국 콘텐츠에 관심을 보였고 넷플릭스, 디즈니플러스 등은 한국 드라마 제작에 전례 없는 규모의 투자를 시작했다. 드라마 제작 편수도 비약적으로 늘었고 제작비 규모도 커졌다. 다양하고 신선한 소재를 찾는 제작사도 많았다. 운좋게도 다분히 모험적인 작품이었던 〈악마판사〉가 대박까지는 아니지만 좋은 평가를 받은 상황이라 여러 곳에서 함께 일하자는 제안을 받게 되었다.

이런 상황에서 나는 자신만만하게도 아예 작가회사를 차려서 동시에 여러 편의 다양한 작품을 만들어보겠다는 생각을 한 것이다. 신인작가 세 명을 뽑은 후, 그들 각자가 가지고 있는 아이템 중 가능성이 있는 것을 골라 내가 크리에이터로서 방향을 제시하고 고쳐가면서 대본을 만들기 시작했다. 동시에 나도 차기작 준비에 들어갔다. 법정물을 두 번 했으니 이번에는 완전히 새로운 장르에 도전해보겠다며 글로벌 OTT용 초능력 히어로물을 쓰기 시작한 것이다.

시작이 잘 풀린 것이 오히려 화근이었는지도 모른다. 첫번째 신인작가 아이템이 굉장히 빠른 속도로 진척되었고 여러 방송국에서 관심을 보였다. 곧바로 캐스팅까지 진행되었다. 일사천리였다. 드라마업계는 호황이었고 새로운 아이템에 굶주려 있었다. 나는 신인작가를 더 뽑아보려고 욕심부리기까지 했다.

하지만 세상일이 그리 쉬울 리가 있겠는가. 시장이 커지고 제작비 규모가 커진 만큼 스타 캐스팅 없이는 방송 편성이 어려워졌다. 소수의 스타에게 수백 편의 대본과 시나리오가 몰려들었고, 캐스팅은 하늘의 별 따기가 되어버렸다. 기성 유명 작가들도 힘든 판인데 신인작가 아이템은 어떻겠나. 대본을 배우측에 넣고 답을 기다리면서 몇 달이 훌쩍 지나곤 했다. 당장이라도 촬영을 시작하고 방송할 수 있을 것 같았던 첫번째 신인작가 아이템은 캐스팅 단계에서 밑도 끝도 없이 지연되었고, 배우들을 사로잡을 만한 매력이 부족한가 싶어 대본 수정을 반복할 수밖에 없었다.

다른 신인작가들 아이템은 그 정도 단계까지도 나아가지 못한 채 기약 없는 수정을 거듭해야 했다. 그러다가 결국 그중 한 명의 작가에게는 고민 끝에 대본 개발을 중단하자고 말할 수밖에 없었다. 그는 다니던 직장을 휴직중이었다. 안타깝게도 그의 아이템은 아무리 수정해도 업계의 좋은 반응을 얻어내지 못하는 상황이었기에, 더 늦기 전에 직장으로 돌려보내는 것이 그를 위한 최선이라고 생각했다. 이 일이 어릴 적부터의 꿈이었다며 슬퍼하는 그 앞에서 나의 무능함을 자책할 수밖에 없었다. 내 글이 거절당할 때보다 더 힘들었다.

설상가상으로 내가 준비중이던 히어로물도 암초에 부딪혔다. 처음부터 호불호가 있는 모험적인 아이템이기는 했지만 다행히 관심을 보이는 데가 있어서 희망을 가졌는데, 대본을 써나갈수록 부정적인 피드백만 늘어갔다. 그 또한 나의 역량 부족 때문이었다. 나는 세계관만 거창했을 뿐 충분히 재미있는 이야기를 써내지 못했고 시장의 반응은 냉정했다.

거절당하는 데 익숙해져야 했다. 연출에게 거절당하고 배우에게 거절당하고 채널에 거절당하고 제작사에 거절당하고. 과한 자신감으로 동시에 여러 편의 드라마를 만들어보겠다며 달려들었더니 동시에 여러 편의 드라마를 거절당하는 경험만 쌓여갔다. 내 드라마도, 신인작가들의 드라마도. 거절과 기다림, 그리고 기약 없는 수정작업을 하며 2년여 세월이 흘러가고 말았다. 그사이에 시장 상황은 놀랍게도 정반대로 바뀌었고, 단군 이래 최대 불황이라며 제작 편수가 3분의 1로 줄어드는 지경이었다. 이제는 실패를 인정하고 새로운 작품을 써야 할 때였다.

하지만 그사이에 나 자신이 고장나 있었다. 노트북 앞에 앉았는데 한참 동안 한 글자도 쓰지 못하는 날이 늘어갔다. 대신 스스로에게 온갖 핑계를 대면서 이리 미루고 저리 미루고, 작업 계획만 정교하게 세웠다 고치길 반복했다. 정작 실제 작업 자체는 안간힘을 다해 회피하고 있었던 것이다. 글쓰기가 즐겁고 좋아서 새 인생을 시작했는데, 거절당하는 일이 반복되다보니 글쓰기가 두려워졌다. 재미있는 글이 나오지 않으면 어떡하지, 또 거절당하면 어떡하지, 누군가를 실망시키면 어떡하지 하는 두려움이 글에서 도피하려는 비겁함이 되어가고 있었다. 시작을 하지 않고 준비만 하고 있으면 아직은 실패한 것이 아니니까. 영원히 차기작을 준비하는 작가로 남아 있을 수 있으니까.

그러고는 하루종일 거실 리클라이너와 한몸인 채 손목터널증후군이 올 지경까지 리모컨을 눌러대며 유튜브, OTT를 누비고 중독자처럼 스마트폰 화면을 넘기고 또 넘겼다. 현실도피를 위해 뇌를 비운 채 짧은 휘발성 콘텐츠만 중독적으로 보다보니 평생 그리 좋아하던 책도 읽지 못하게 되었다. 책은 고사하고 영화나 드라마도 5분 보다가 끄기 일쑤. 뇌가 긴 호흡의 스토리텔링을 소화하기를 거부하는 것 같았다. 즉각적인 만족만 추구하는 성마른 도파민 중독자가 되어버린 듯했다. 해마다 '올해의 책'을 추천해달라는 의뢰를 여기저기서 받고는 하는데, 놀랍게도 그해에 제대로 읽은 신간이 한 권도 없다는 걸 깨닫고 충격을 받은 적도 있다. 겨우 몇 권 읽은 것이 작법서나 주식 투자 관련 책뿐. 어린 시절부터 중증 활자중독자로서 『쾌락독서』의 저자이기도 한 내가 말이다. 자신이 낯설어질 지경.

솔직히 처음으로 무서워졌다. 평소 내 입버릇은 '어떻게든 되겠지, 뭐'였다. 이 말의 이면에는 '닥치면 어떻게든 해낼 거야'라는 '내일의 나'에 대한 믿음이 있었다. 그 녀석을 믿고 게으름을 부리곤 했던 것이다. 그런데 그 믿음이 무너져버렸다. 드라마든 책이든 글 작업에 유의미한 진척 없이 이 핑계 저 핑계 대며 미루고만 있는 자신이 혐오스럽기까지 했다. '내일의 나'는 한심한 '오늘의 나'를 더이상 구해주지 않았다.

이 지경에 이르고야 스스로 인정했다. 나는 지금 슬럼프구나. 작가로서 뭔가 고갈되었구나. 나는 약해졌고, 늙어가고 있구나. 육체적으로도, 정신적으로도.

아주 오랜 시간 후에야 결국 그걸 직시하고 인정한 후, 내가 한 일은 그냥 집밖으로 나가서 걷기였다. 그동안은 막상 쓰고 있지도 않으면서 작업시간을 확보해야 한다는 강박으로 외출도 줄이고 집에만 처박혀 있기 일쑤였다. 모든 자기합리화와 도피와 핑계를 다 내려놓고, 심플하게 나 지금 망했구나, 인정하고 나니 외려 맘이 편해졌다. 머리를 비우고 지면을 두 발로 누르며 걷고 있다보니 오랜만에 뭔가 새로운 생각이 샘솟는 느낌이 들었다. 유튜브를 종일 멍하니 넘겨보고 있을 때는 생각이라는 것을 할 공간이 머릿속에 없었는데.

그러다 어느 날 결심했다. 어차피 망한 거, '쓰레기를 쓰겠다!'는 마음으로 죽이 되든 밥이 되든 아무거나 써보자. 잘 쓰려고 하지 말고 이게 쓸 만한 물건이 될지도 걱정하지 말고 그냥 커서만 깜빡거리는 빈 A4용지 크기 화면을 검은 글자로 채우기라도 해보자. 명작이 아니라 쓰레기를 쓰는 게 목표니까 그 정도는 누구든 할 수 있다. 그러고는 노트북을 백팩에 챙겨서 햇볕 좋은 날 한강을 걸어 천장이 높은 북카페를 찾았다. 그러고도 이틀, 사흘, 딴짓만 하면서 '작업을 본격적으로 시작한다'는 고통스러운 느낌을 회피하려는 나 자신에게 패배하고, 패배한 끝에 어느 순간 문득, 드디어 아무거나 쓰기 시작했다. 놀랍게도, 단 한 번 쓰기 시작하니까 어떻게든 꼬리에 꼬리를 물고 손이 절로 움직이더라. '시작이 반'이라는 속담은 인간 행동 습성에 대한 놀라운 통찰이다.

그로부터 몇 달이 지났다. 이번에는 욕심을 버리고 내가 가장 잘 아는 이야기를 하기로 마음먹고는 공익전담변호사들을 주인공으로 하는 드라마 〈프로보노〉의 기획안과 초반 대본을 꾸역꾸역 완성했다. 다행히도 이번에는 반응이 나쁘지 않아서 앞으로 본격적인 작업을 진행해보기로 한 후, 비로소 두번째 삶에 대한 이 책도 본격적으로 쓰기 시작했다.

다시 책을 써야겠다고 마음을 먹고 나서야 비로소 책장에서 책을 꺼내 읽게 되었다. 서가 구석에 아무렇게나 꽂혀 있던 김연수의 단편집 『이토록 평범한 미래』였다. 책 자체를 읽지 않는, 아니 읽지 못하는 독서 불능증에 시달리던 내가 다른 책도 아니고 '순문학' 책이라니, 2년 만에 처음 있는 일이었다.

그러고는 한 시간 정도, 아주 오랜만에 접하는 감각들이 내 몸 곳곳에서 뭔가를 깨우기 시작했다. 단단하고 우아한 문장들, 성마르지 않고 온유한 목소리, 읽다가 멈추어 생각하게 만드는 글과 글 사이의 여백들. 인터넷 게시판과 소셜미디어가 쏟아내는 그 무수한 혐오와 배설의 언어를 해독해주는 느낌이랄까. 그래, 이래서 책을 읽는 것이었지. 그래서 내가 글을 쓰기 시작한 것이었지. 왜 평생 사랑해온 이 감각마저 망각했던 것일까.

> 우리가 계속 지는 한이 있더라도 선택해야만 하는 건 이토록 평범한 미래라는 것을, 그리고 포기하지 않는 한 그 미래가 다가올 확률은 100퍼센트에 수렴한다는 것을.•

첫 단편 「이토록 평범한 미래」를 마무리하는 주인공의 독백을 읽으며 느꼈다. 이제 다시 읽을 수 있겠구나. 그렇다면, 다시 쓸 수도 있겠구나.

그렇게 나는 겨우 슬럼프에서 빠져나와 이 책을 쓴다. 언제든 반복될 수 있는 일이라는 것도 안다. 다음번에는 더 헤어나

---

• 김연수, 『이토록 평범한 미래』, 문학동네, 2022년, 34~35쪽.

오기 어려울지도 모른다. 그래도 최소한 그걸 알고 있다는 것이 묘하게도 위안이 된다. 실패와 좌절이 언제든 찾아올 수 있다는 것, 내가 나약하고 어리석은 사람이라는 것, 세상은 어차피 내가 예측할 수 없는 속도로 바뀐다는 것. 이 상황을 담담히 받아들이고 나니 오히려 마음이 편하다. 실패를 두려워하며 숨어 있기보다, 계속 지는 한이 있더라도 나아가서 얻어맞으려 한다. 두려움 속에 웅크리고만 있는 것이 더욱 고통스럽다는 사실을 배웠기 때문이다.

# 불안과 함께
## 살아가는 법

　프리랜서의 삶을 시작한 후 가장 힘든 점은 '불안'이다. 나는 자유를 찾아 극도로 안정된 직장을 떠나 전업작가의 삶을 택했다. 그리고 알게 되었다. '자유'의 다른 말은 곧 '불안'이라는 것을.

　꿈, 자유, 도전, 자기실현, 다 좋다. 아름다운 말들이다. 그런 아름다운 말들이 주는 도취감이 없었다면 나 역시 법복을 벗는 결정을 하기는 어려웠을 것이다. 분명히 모든 것이 장밋빛으로 보였다. 한 번 사는 삶, 하고 싶은 일을 하며 자유롭게 세계를 떠돌며 살겠다, 멋지지 않은가. 어쩌면 나는 '자유를 선택하는 멋진 나'에 도취되었는지도 모른다.

　그런데 그 도취감은 두 달도 채 가지 않았다. 자유의 가벼움

대신 온몸을 조여오는 것은 밥벌이의 무거움이었다. 그 어떤 고상하고 아름다운 꿈도 당장 눈앞에 닥친 밥벌이에 대한 두려움만큼 절실하지 않았다. 프리랜서의 다른 말은 결국 백수다. 23년간 당장 다음달 월급이 들어오지 않는 사태를 한 번도 걱정하지 않고 살았다. 많든 적든 연간 수입을 예측할 수 있으니 거기 맞춰서 살림을 꾸리면 되었다. 그런데 어느 날 갑자기 1년은 고사하고 당장 다음달, 다음주 수입이 있을지 없을지 알 수 없는 상황에 놓이게 되었다.

그제야 내가 얼마나 온실 속 화초로 살아왔는지 절감했다. 물론 이 또한 배부른 소리다. 그렇다고 당장 길가에 나앉는 처지가 되거나 밥 굶는 처지가 된 것까지는 아니다. 다른 직업을 찾으면 충분히 해결할 수도 있을 터였다. 알고 있었다. 그래도 무서웠다. 홀몸이 아니지 않은가. 나만 쳐다보는 처자식이 있다. 내 꿈과 자유를 찾는답시고 안정성을 버리고 나와 이기적인 선택을 한 것이니 책임이 더 무거웠다. 나이 오십이 지나고 보니 젊은 날만큼 자신감을 갖기가 어려웠다. 온갖 부정적인 생각만 머리에 가득해서 불면증까지 생겼다. 머리만 대면 바로 잠드는 체질이었는데.

인간이란 얼마나 얄팍한가. 그동안 온갖 책을 읽으며 머리로 알고 있다고 생각했던 밥벌이의 무거움을, 내 문제로 맞닥뜨리고 나서야 비로소 진짜로 알게 된 것이다. 공부 하나 잘한 덕에 편하게 살아온 내가 이렇게 무서울 정도면 진짜로 힘든 처지의 사람들은 이 코로나 시국을 어떻게 견뎌내고 있을지 상상도 하기 힘들었다. 수입의 많고 적음도 중요하지만 예측 가능성, 안정성도 중요하다. 많지 않은 수입이라도 안정적으로 꼬박꼬박 들어오는 사람이 대박이 났다가 쪽박을 찼다가 하는 사람보다 훨씬 행복하다. 내일에 대한 두려움이 적기 때문이다. 불안은 영혼을 잠식한다.

정규직 일자리가 붕괴되고 비정규직 일자리 중심의 사회가 되는 것, 오랜 역사를 통해 발전해온 노동조합을 토대로 한 노사관계가 무너지고 우버 기사처럼 허울좋은 자영업 위주의 플랫폼 경제가 되는 것, 불안정한 고용·노동 상황에 놓인 비정규직·파견직·실업자·노숙자, 즉 프레카리아트precariat가 다수를 점하는 사회가 되어가는 것은 이런 측면에서 심각한 위협이다. 불안감은 사람들을 초조하게 만들고, 쉽사리 공포와 분노로 몰아넣는다. 미래를 예측할 수 없는 상황에서 사람들은 쉽게 강퍅해진다. 많은 재난 디스토피아물에서 보았듯이.

본격적으로 전업작가로서 일을 해보니 재무적 불안 이외에 또다른 불안감이 엄습했다. 이번에는 창작이라는 일 자체가 주는 불안감이었다. '내가 지금 재미있는 글을 쓰고 있는 걸까?'로 시작된 불안감은 곧 '나는 재미있는 글을 쓸 재능이 있긴 한 걸까?'로 옮겨갔다. 여기서 한 발만 더 나가면 아무것도 쓸 수 없는 상태가 되어버리는 것이다.

판사로 일하면서 겸업으로 글을 쓸 때는, 그저 내가 옳다고 생각하는 이야기를 내가 재미있어하는 방식으로 쓰면 그만이었다. 그걸로 돈을 벌고 생계를 유지해야 한다는 강박도 없었고, 글로써 인정받아야 한다는 부담도 없었다. 한 명 두 명, 소수라도 내 글을 좋아해주는 독자들이 생겨나는 것만으로 신기하고 행복했다.

그런데 글쓰기가 직업이 되고 나니 나도 모르게 자기검열이 작동하게 되었다. 솔직히 말하면 '이게 팔릴까?'라는 생각이 본능적으로 먼저 드는 것이다. 고백하건대 전작 『최소한의 선의』를 쓰는 내내 '이게 팔릴까?'라는 생각을 떨쳐버릴 수가 없었다. 내가 그토록 중요하게 생각해온, 이 사회에 꼭 필요한 이야기라고 여겨온, 평생 공부하고 일하며 중심에 두었던 '헌법적 가치'에 관한 책인데도 말이다.

그래도 출판업계는 비교적 예외적인 곳이다. 당연히 팔리는 책을 만들어야 하지만 그래도 좋은 책, 있어야 할 책을 만들고자 하는 의지가 강하다. 책이 좋아서 책을 만드는 이들이 출판계를 지키고 있는 것이다.

그런데 드라마업계는 상황이 다르다. 훨씬 큰 시장이기 때문이다. 방송국도 제작사도 배우도 스태프도 드라마의 흥행에 많은 것을 걸고 있다. 잘나가는 스타 배우든 스타 작가든 드라마 한 편만 반응이 안 좋아도 사람들은 기다렸다는 듯이 누구누구도 이제 한물갔네, 내 그럴 줄 알았어, 라는 공격을 퍼붓는다. 그 자리를 노리는 이들이 많기 때문이다. 작품이 망하면 방송국 간부도 목이 날아간다. 막대한 손해가 발생해서 소송전이 벌어질 수도 있다. 이 모든 리스크가 작가의 어깨를 짓누른다. 불안은 영혼을 잠식한다. 제작과정 내내 드라마작가 하나를 쳐다보고 있는 초조한 눈동자만 몇백 개인 것이다.

드라마작가가 대본 초고를 쓰면 제작사, 방송국, 감독의 리뷰 및 수정 요청을 받게 되는데, 그들이 보내오는 리뷰의 99퍼센트는 아쉬운 부분, 이해가 안 되는 부분, 고쳐줬으면 하는 부분들이다. 재미있는 부분, 감동적인 부분, 좋은 부분에 대한 언급은 없거나 있어도 서두에 형식적인 인사말처럼 잠깐 등장한다. 처음에는 이게 너무 힘들었다. 괜히 극작 경험도 없고 작법을 공부해본 적도 없는 사람이 드라마를 쓴다고 나서서 많은 사람한테 폐만 끼치고 있구나 싶어서였다. 이렇게 별로면 왜 이 작품을 하자고 했을까, 이해가 안 될 때도 있었다.

뒤늦게야 그들을 조금씩 이해하게 되었다. 100억에서 200억 가까운 돈이 드는 프로젝트를, 내 대본을 토대로 시작했다는 것은 이미 웬만큼 재미있고 좋다고 판단했기 때문이다. 전직 판사가 썼다는 이유만으로 그 돈을 투자할 정신 나간 제작자는 없다. 제작을 하기로 한 이상 드라마 대본은 당연히 재미있어야 하고 좋아야 한다. 그러니 새삼스레 기본 중의 기본인 재미는 언급하지 않는 것이고, 미덥지 못한 부분, 우려스러운 부분에 대해서만 집중적으로 지적하는 것이다. 더구나 앞서 말했듯이 많은 이가 많은 것을 걸고 있다. 단점이 더 크게 보일 수밖에 없다. 그들 역시 나 이상으로 불안하고 공포스럽기 때문이다.

콘텐츠 비즈니스에서 '재미'라는 목표 자체에도 너무나 큰 불확실성이 있다. 재미는 사람이 느끼는 것이다. 그런데 사람들의 취향은 모두가 다르다. 미디어 환경은 갈수록 더 세분화되는 중이다. 유튜브를 지나 숏폼 콘텐츠들이 사람들의 관심을 사로잡고 있다. 드라마는 대중문화 상품인데 과연 누가 대중인가? 대중이라는 말만큼 허깨비 같은 말도 없다. 차라리 까탈스러워도 좋으니 명확한 표본집단이 있고, 이들만 만족시키면 되는 상황이면 얼마나 좋을까 생각하기도 했다. 현실은 일차적 표본집단인 대본을 리뷰하는 제작사, 방송국, 감독조차 만족시키기가 너무나 어렵다는 것이지만, 이들에게서 받는 최고의 찬사는 "이 정도면 됐으니 다음 회 나가시죠"다.

드라마 한 편을 기획해서 집필하고 방영하기까지는 2~3년이라는 긴 시간이 소요된다. 그 오랜 시간 동안 '과연 내가 재미있는 것을 쓰고 있나?'라는 불안감에 시달려야 하는 것이다. 게다가 그사이에 방영되는 작품 중에는 빵빵 대박이 나는 성공작들이 계속 있기 마련이다. 찬사로 도배되는 성공작들에 대한 반응을 지켜보다보면 또 덜컥 겁이 난다. 아, 저런 걸 써야 사람들이 좋아하는데 난 지금 뭘 하고 있는 거지?

그런데 재미있는 것은, 그 성공작을 만든 사람들도 뚜껑을 열기 전까지는 모두 똑같은 불안과 공포에 시달렸다는 점이다. 이름만 대면 누구나 알 만한 대히트작들도 제작과정에서는 프로젝트가 엎어지기 직전까지 갈 만큼, 작품 내용에 대한 불신과 회의가 난무하곤 했더라. 오히려 제작과정에서 모두가 성공을 확신했던 작품이 정작 공개 이후 참담한 반응을 얻은 사례도 많다. 드라마를 기획해서 방영하는 2년여 사이에 대중의 취향도 세상도 바뀌어버리는 것이다. 예를 들어 업계 밖에서 많이들 하는 오해가 '로코(로맨틱코미디)'는 흥행에 유리하다는 것인데, 근래 흥행작들 중 순수 로코로 분류되는 작품은 손으로 꼽을 정도밖에 없다. 한국 드라마시장은 웹툰·웹소설시장의 영향을 받아 이미 다양한 장르물이 대세가 된 지 오래다.

결국 '대중의 취향'은 어차피 아무도 맞출 수 없으니 우선 작가 본인이 스스로 재미있다고 느끼는 이야기를 쓰는 게 맞다. 그런데 이렇게 온갖 부담감과 불안감에 짓눌린 상태에서 스스로 재미있다고 느끼기란 결코 쉬운 일이 아니다. 슬프게도 창작의 순수한 기쁨을 조금씩 잃어가는 것이다. 남들이 이걸 좋아할지 말지 먼저 걱정하게 되는 상황에서 글쓰기를 즐기기란 어렵다. 그래서 나는 아이돌 오디션 프로그램을 볼 때마다 제일 화나는 순간이 심사위원들의 요구사항이 '무대를 즐겨라'일 때다. 아니 저 짧은 시간에 생소한 노래를 주고 음정, 가사 숙지하고 어렵디어려운 칼군무까지 밤새우며 맞추도록 시켜놓고는 너무 잘하려고 하지 마라, 무대를 즐겨라? 나도 모르게 그 가혹한 요구를 받는 참가자들에게 감정이입이 되는 것이다.

그런데 그 요구가 또 맞긴 맞다. 엔터테이너가 스스로 즐기지 못하면 감상자들도 즐기지 못한다. 부담감이 전해지기 때문이다. 글도 마찬가지다. 게다가 본인 스스로 재미를 느끼지 못하는 작업은 지속 가능하지 않다. 인간은 기계가 아니다. 특히 창작하는 직업은 일정 수준의 '자뻑' 없이는 유지하기 어렵다. 그러려면 최대한 결과는 미리 생각하지 말고 우선 자기가 좋아하는 이야기를 자기가 좋아하는 방식으로 풀어나가야 한다. 그 영역이 협소해지지 않도록 많이 읽고 많이 보고 많이 대화하고 많이 배우며 창작을 위한 자산을 채워가되, 작업을 시작하면 내가 쓰는 이야기가 세상에서 제일 재미있다는 착각에 빠져 몰입해야 하는 것이다. 쉽지 않지만.

운명론이 도움될 때도 있다. 어차피 내가 쓰는 드라마, 내가 쓰는 책이 재미없으면 시장에서 나를 찾지 않을 테니 미리 걱정하지 말자. 내 전업작가 생명은 시장이 결정할 것이다. 그 끝이 언제일지 미리 걱정할 필요가 있을까? 트렌드니 대중의 취향이니 하는 어차피 정의하기 어려운 변덕스러운 말들보다 우선 첫번째 독자인 나 자신, 그다음은 같이 작업하는 편집자, 기획자, 연출자 등 동료들이 재미있어하는지만 유의하면서 작업을 하려 한다.

결국 전업작가생활 5년이 되도록 나는 불안을 극복하는 방법은 찾아내지 못했다. 그저 불안과 함께 살아가는 방법을 조금씩 터득해가고 있을 뿐이다. 그런데 생각해보면 불안은 작가들만의 고통이 아닌 것 같다. 지금 시대에 불안하지 않은 사람이 있을까. 평생 직장은 무너진 지 오래고 일자리는 비정규직화, 외주화되고 있다. 그나마 남은 일자리도 인공지능에 대체되어 언제 없어질지 모른다. 변화의 가속도는 무섭고 낙오의 공포가 지배한다. 10년 후는 고사하고 5년 후, 3년 후 세상이 어떻게 바뀔지도 예측하기 어렵다. '불안'은 이 시대를 규정하는 키워드인 것이다.

우리는 불안과 함께 살아가는 방법을 배워야 한다. '불안의 시대'는 이미 피할 수 없고, 매우 길 것 같기 때문이다.

## 일을 하지 않으면
### 행복할까

　평소 늘 하던 농담이 있다. '판사도 재판만 안 하면 좋은 직업인데……' '작가도 글만 안 쓰면 좋은 직업인데……' 누구나 해본 생각일지도 모른다. 바쁜 법원생활을 하면서 휴가를 늘상 손꼽아 기다렸다. 1년 내내 여행 계획을 세우며 살았다. 여행 가서는 짧은 휴가를 아쉬워하며 하루하루를 숨가쁘게 보냈다. 일에 치여 살지 않는다면, 시간만 많다면 훨씬 풍요로운 삶을 즐길 수 있을 것 같았다.

　프리랜서가 되고 나니 드디어 시간이 무한하게 주어졌다. 출근도 퇴근도 없다. 정해진 휴가 기간도 없다. 여행을 떠나고 싶으면 언제라도 떠날 수 있다. 실제로도 코로나가 끝나자마자 나는 '보복 여행'에 나섰다. 포르투갈로, 남프랑스로, 돌로미티로, 아이슬란드로, 뉴욕으로, 홋카이도 북부 레분섬으로. 이 책을 마무리한 무렵, 어린 시절부터 꿈이었던 아프리카 세렝게티 초원으로 가족과 함께 떠났다.

물론 모두 너무나 아름다운 곳들이다. 시간에 구애받지 않으니 덜 붐비는 시기에 더 싼 가격으로 구석구석 즐길 수 있기도 했다. 그런데 묘하게도 갈수록 여행이 예전만큼 즐겁지 않았다. 자꾸 심드렁해지는 나 자신과 싸워야 했다. 여기까지 힘들게 왔는데 왜 이렇게 감동이 없을까. 예전에는 이렇지 않았는데.

처음에는 신선함이 떨어져서 그런 줄 알았다. 평생 여행중독자로 살다보니 웬만한 곳은 이미 가보았다. 새로운 곳에 가도 전에 갔던 곳과 겹치는 풍경이나 문화가 있기 마련. 그래서 시큰둥해지는 줄 알았다. 그런데 꼭 그런 것도 아니었다. 어떤 때는 이미 몇 번 갔던 곳에 가도 마음이 즐거웠고, 어떤 때는 난생처음 보는 멋진 경치를 접하고도 즐기기 힘들었다.

가만히 이유를 생각해보았더니 의외의 답이 나왔다. 여행도 언제 가느냐가 중요했다. 드라마 작업, 책 작업이 잘 진행되고 있을 때 짬을 내어 떠난 여행은 가까운 곳을 가도 즐거웠고, 그렇지 못할 때의 여행은 어딜 가도 즐겁지 못했던 것이다. 이미 썼듯이 2년 넘게 일이 잘 풀리지 않아 슬럼프에 시달렸다. 그럴 때일수록 현실도피 심리로 더 열심히 여행을 떠났다. 여행지에서 대단한 영감을 받아 좋은 글을 쓸 수 있을 거라고 자신을 속이며 노트북을 챙겨들고 떠났지만, 한 글자도 쓰지 못한 채 돌아오곤 했다. 그럴 때는 하루종일 낯선 곳을 누비기는커녕 호텔방에 누워 휴대전화만 붙잡고 있기 일쑤였다.

여행도 휴식도 일과 일 사이의 재충전일 때 꿀처럼 달았다. 그렇지 않을 때는 그저 똑같은 일상일 뿐이었다. 그것도 왠지 모를 불안과 초조함, 무력감 속에 시간을 흘려보내기만 하는 듯한 일상. 나는 법원생활 내내 내가 베짱이인 줄 알았다. 하지만 알고 보니 일개미였던 것이다.

살면서 가장 행복했던 시절을 떠올려보면 대부분 일과 결부되어 있다. 처음으로 형사단독판사가 되어 매일 야근하면서 동료들과 각자의 사건에 대해 격렬하게 토론하던 기억, 파산부에서 파산제도 개선을 위해 치열하게 공부하고 고민하던 기억, 형사합의부 재판장이 되어 좋은 재판을 해보겠다며 배석판사들과 함께 새로운 시도를 하느라 애쓰던 기억, 『개인주의자 선언』을 쓰고 「전국의 부장님들께 감히 드리는 글」 같은 신문 칼럼을 쓰면서 내 딴에는 우리 사회에 필요한 문제제기를 해보려고 노력하던 기억.

물론 놀 때도 즐겁기는 하지만, 보람 있는 일에 신나게 몰두하여 내 에너지의 100퍼센트를 쏟아넣을 때의 만족감은 다르다. 삶의 밀도가 다른 느낌이다.

평소 입버릇처럼 일찍 은퇴해서 평생 세계 곳곳을 여행하며 살고 싶다고 얘기하곤 했는데, 이제는 그런 말은 못하겠다. 평생은커녕 아직 외국에서 한 달 살기도 안 해봤다. 해봤자 또다른 일상일 뿐이라는 것을 알기 때문이다. 여행 유튜버들이 올리는 여행지에서의 일상은 멋져 보이지만 실은 영상에 나오지 않는 시간 동안 숙소에 틀어박혀 하루종일 편집작업을 한 결과물이다. 일에서 완전히 떠난다는 것은 대부분의 사람에게 불가능한 일이다. 떠난다고 해서 더 행복해지는 것도 아니다.

게다가 시대의 변화 속에서 우리는 더 오래, 평생 일할 수밖에 없다. 런던경영대학원 교수 린다 그래튼과 앤드루 J. 스콧이 쓴 책 『100세 인생』에 따르면 공중보건과 위생, 영양 상태의 개선으로 인류의 평균수명이 놀랍게 늘어나고 있다. 1840년 이후 매년 기대여명이 3개월씩 증가해왔고, 10년마다 2~3년 증가했다. 이러한 추세라면, 1997년에 태어난 아이가 101~102세까지 살 가능성이 50퍼센트에 이른다고 한다. 지금 20대 젊은이들은 말 그대로 '100세 인생'을 살게 된다는 것이다.

반가운 얘기만은 아니다. 저자들은 100세 시대에는 대부분의 사람이 80세까지는 일해야 은퇴할 수 있으리라고 본다. 그런데 60년 동안 한 직장에서 외길 인생을 사는 것은 가능하지 않다. 이제 20~30세까지는 교육을 받고, 이후 60~65세까지는 한 직장에서 일하고, 그다음 70~80세 정도까지는 그동안 모은 은퇴자금과 연금으로 노후생활을 하는 전통적인 3단계의 삶이 무너지고, 한 가지 일에서 다음 일로, 다시 그다음 일로 전환해가며 그 사이사이에는 새로운 일을 위한 과도기가 필요한 다단계 삶으로 재편된다는 것이다.

인공지능을 비롯한 급속한 과학기술 발전으로 인해 일자리가 재편되는 속도도 전례없는 수준이라, 일과 재충전, 새로운 일을 위한 교육 훈련 및 준비가 동시에 진행되는 라이프스타일이 일반화될 것이고, 이를 뒷받침하기 위해 의무적인 근로시간은 줄고 보다 유연한 근무 형태가 늘어날 것이라고도 한다. 요일을 나누어 서로 다른 성격의 일을 동시에 하는 포트폴리오형 다중 직업생활도 등장하고.

재테크로 경제적 자유를 얻어 조기은퇴하는 것이 가장 이상적인 삶이라고들 이야기한다. 하지만 앞에서 이야기했듯이 그것은 불가능에 가까운 일이다. 정년에서 100세까지 일을 하지 않고 건강한 삶을 누리려면 도대체 얼마나 막대한 은퇴자금이 필요하단 말인가. 만에 하나 그것이 가능하다고 해도 일 없이 놀기만 하면서 지내는 세월이 길어질 때, 인간은 정말 행복할 수 있을까. 무기력과 우울만 남지 않을까. 하긴, 그게 가능한 사람은 어차피 거의 없을 테니 무의미한 질문이다.

오히려 더 중요한 질문은 과연 우리는 계속 내 일을 지킬 수 있을까 쪽이다. 장강명 작가는 알파고가 이세돌을 꺾은 충격 이후 프로 바둑기사들의 삶에 어떤 변화가 왔는지를 취재하여 『먼저 온 미래』를 썼다. 이제는 어떤 기사들도 감히 인공지능을 이길 수 있다고 생각하지 않는다. 오히려 인공지능끼리 쓰는 기보를 공부하고 모방한다. 이세돌을 비롯하여 여기에 절망을 느끼고 은퇴한 기사들도 많다. 하지만 그렇다고 바둑기사라는 직업 자체가 사라진 것은 아니다. 여전히 프로 바둑경기는 열린다. 기사들은 어떻게든 송두리째 바뀐 환경에 적응하며 자신의 일을 지키기 위해 분투중이다. 인공지능의 기보를 공부하기도 하지만, 그 와중에도 자기만의 기풍을 만들어보려 노력하기도 한다. 언제까지 바둑기사라는 직업이 유지될 수 있을지는 아무도 모르지만 말이다.

지금의 기술 발전속도로 봤을 때 인공지능과 로봇이 대체할 수 없는 인간의 직업은 없다. 판사? 당연히 대체 가능하다. 국민의 선택일 뿐이다. 콘텐츠업계도 마찬가지다. 작가도, 감독도, 심지어 배우도 대체 가능하다. AI 동영상의 발전속도는 무시무시하다. 어떤 분야든 기술적으로 대체 불가능한 것은 없다. 단지 경제성의 문제로 '대체하지 않는 일'이 있을 뿐이겠지. 사람을 쓰는 게 더 싸게 먹히고 가성비가 좋은 경우랄까.

전에는 놀이와 휴식이 더 희소한 가치로 느껴졌는데, 요즘은 일이 더 그렇게 느껴진다. 과연 내가 언제까지 일할 수 있을까.

전업작가생활을 시작한 후 지금까지 5년 동안은 솔직히 판사로 일할 때만큼 행복하지는 못했다. 분명히 수입도 늘었고 여가도 늘었지만 말이다. 이유는 간단하다. 아직은 내가 작가의 일에서 보람과 행복을 느낄 만큼 역량 있는 작가가 못 되었기 때문이다. 나는 아직 온갖 시행착오를 반복하며 새로운 일에 적응하고 있다.

하지만 최소한 이제는 안다. 재테크도 여행도 행복을 담보해주지 않는다는 것을. 일과 삶의 균형이란 일도 치열하게, 삶도 치열하게 살아낼 때 찾아온다는 것을.

## 판사라는 갑옷을 벗고 나니

판사라는 갑옷을 벗고 나니 비로소 알았다. 나는 그냥 동네 아저씨였다. 사무실도 명함도 없는.

퇴직 후 제일 민망한 순간은 새로운 사람과 인사를 하게 될 때였다. 결혼식 등의 자리에서 지인이 나를 자기 지인에게 소개할 때마다 본의 아닌 스무고개를 하게 된다.

- 인사 좀 하세요. 제 후배인데 유명한 드라마작가예요!
- 자, 잠시만요, 저 별로 유명하지 않고요.
- 드라마작가라고요? 무슨 드라마 쓰셨어요?
- 아, 네…… 〈악마판사〉라고……
- 〈지옥에서 온 판사〉요?

- 아, 그건 박신혜 나오는 거고요. 저는 지성 나오는……
- 네…… 다른 거 또 쓰신 거 없어요?
- 〈미스 함무라비〉라고 고아라, 김명수 나오는……
- 아, 네……

어색한 침묵이 반복될 때마다 정말 도망가고 싶어지는데, 이쯤에서 보다 못한 지인이 끼어들어 한마디하면 비로소 어색함이 누그러진다.

- 아, 이 친구 실은 원래 판사였어요.
- 그러셨어요? 어디 근무하셨죠? 제 동창이 서울고법 근무하는데 혹시 아세요? ○○○이라고……

한번은 이런 적도 있다. 오랜만에 법조계 사람들 모임에 갔는데, 한 선배가 반갑게 인사하며 이러는 거다.

- 어, 문 판사 오랜만이야! 거 뭐더라, 〈우영우〉. 그거 잘 봤어. 문 판사가 썼지?

아니에요. 아니라고요. 〈우영우〉 제가 쓴 거 아니에요. 저도 무척 좋아하고 그런 드라마 너무 쓰고 싶은데, 제가 쓴 게 아니라고요…… 속으로는 울고 싶지만 겉으로는 웃으며 태연하게 받아넘길 수밖에 없다. 하하, 저도 잘 봤는데 제가 쓴 건 아니고요, 정도로.

어쩔 수 없는 일이다. 사람들은 몇 가지 단순명쾌한 '간판'으로 사람을 분류하고 평가한다. 나는 오랫동안 '판사'라는 직업 하나로 그 과정을 프리패스해온 것이다. 아무도 내가 어떤 판결을 하고 어떤 분야에 관심 있는지 묻지 않았다. 그저 판사라는 이유만으로 알아두고 싶은 사람으로 대우했다. 그건 당연히 내가 잘나서가 아니었다. 알아두면 언젠가 도움될 것 같은 직업이어서였다.

작가는 다르다. 대부분의 사람들에게 작가란, 특히 50대 중반의 나이든 남성 전업작가란 어디로 분류해야 할지 감이 잘 안 오는 존재다. 사실상 백수라는 소리인지, 잘나가는 사람인지 판단이 서지 않는다. 누구나 다 아는 국민적인 히트 드라마는 1년에 겨우 한두 편 나올까 말까이고, 대부분의 사람은 그 정도 이름 외에는 기억하지 못한다. 스무고개에서 자기가 아는 이름이 나오지 않을 때 사람들이 의지하는 다음 분류 기준이 등장한다.

- 그럼 혹시 〈유퀴즈〉 나오셨나요?

지금은 좀 여유가 생겨서 웃으며 간단히 아니라고 말하고 말지만 한참 일이 잘 안 풀려서 슬럼프였던 때는 나도 모르게 이렇게 대답한 적도 있다.

- 두 번이나 섭외가 왔지만 안 나갔어요. 저는 티브이는 절대로 안 나가는 걸 원칙으로 삼고 있어서 〈유퀴즈〉뿐 아니라 다른 프로 섭외도 모두 거절하고 있습니다.

잠시 어색한 침묵이 흐른 후 돌아온 대답은,

- 아, 그러시구나. 아깝다. 〈유퀴즈〉에서 불러줄 만도 한데.

아니 제가 방금 안 나갔다고…… 소용없다. 상대방은 이미 내가 구차한 변명을 하고 있다고 받아들인 것이다. 어차피 사람들은 타인에게 그닥 관심이 없고, 자기 사고의 틀에 맞춰 판단하기 마련이다. 뻔히 알면서 저렇게 '없어 보이는' 답을 늘어놓았으니 나도 참 어리석다.

새로운 일에서의 인간관계도 전과는 달라졌다. 법원에 있을 때는 인간관계로 인한 고충이 적은 편이었다. 재판 업무의 특성상 판사의 삶은 독립적이기 때문이다. 법원에서 부딪치는 사람이라고 해봤자 함께 합의부를 이루는 부장판사와 배석판사 정도이고, 혼자 재판하는 단독판사의 경우, 출근해서 퇴근할 때까지 아무와도 말 한마디 안 할 수 있을 정도다. 바로 이 점이 내가 법관직을 선택한 큰 이유이기도 하고.

그런데 새로운 삶에서는 완전히 상황이 달라지고 말았다. 책을 쓸 때는 여전히 독립적이다. 편집자와만 열심히 소통하면 된다. 그런데 드라마를 쓸 때는 수많은 사람과 협업하지 않으면 안 된다. 제작자, 감독, 배우, 프로듀서, 방송국이나 플랫폼 관계자들, 스태프들…… 게다가 이들 각자의 이해관계가 미묘하게 다르다. 작가 입장에서는 제작비를 많이 들여서라도 내 작품을 멋지게 연출해서 완성도 높은 드라마가 나왔으면 하는 게 가장 큰 욕망이지만, 제작사나 방송국 입장에서는 비용은 최소한으로 쓰고 수익을 최대화하는 것이 영리기업으로서 당연한 목표다. 배우도 물론 작품이 잘되기를 바라는 건 마찬가지지만 자기가 맡은 캐릭터가 돋보이는 것이 더 중요할 때도 많다. 이런 각자의 욕망이 치열하게 부딪치는 곳이 드라마 제작 현장이다. 게다가 불확실성의 공포가 모두를 사로잡고 있다. 이런 상황에서 갈등이 없을 리가.

일이 잘 돌아갈 때는 좋은 관계가 유지되지만, 제작과정이 난관에 부딪치거나 방영 후 성과가 기대한 만큼 나오지 않으면 서로를 탓하기 쉽다. 예민한 관계인 것이다.

사정이 이렇다보니 요즘은 새로운 인간관계를 맺기보다 오래된 관계를 더 소중하게 여기게 된다. 인생은 결국 열 명 미만의 사람들과 살아가는 것 아닐까. 알고 지내는 그 많은 사람 중에서 잘나가든 못 나가든 내 곁에 있어주는 사람, 힘든 일이 생겼을 때 묻지도 따지지도 않고 내 편에 서줄 사람, 가족 중에도 흔치 않다. 친구 중에도 정말 극소수 아닐까. 이 사람들이 진짜 내 사람들이다.

작가생활 초기에는 일부러 인맥을 넓혀가려고 애쓴 적도 있다. 콘텐츠업계는 인맥으로 돌아간다는 속설에 귀가 솔깃했던 것이다. 나도 어쩔 수 없는 속물이었다. 언젠가 내게 도움이 되지 않을까 하는 생각에 잘나가는 제작자, 잘나가는 감독, 잘나가는 스타와 알고 지낼 기회가 있으면 개인주의 성향을 참아가면서 열심히 자리에 나가곤 했다.

다 부질없는 일이었다. 세상은 그런 식으로 허술하게 돌아가지 않는다. 프로의 세계는 철저히 성과주의다. 내가 큰 성과를 내면 너도나도 일하고 싶어서 줄을 서지만 그러지 못하면 냉정하게 돌아선다. 사람 좋다고 누구와 일하는 경우를 본 적은 없다. 성격 더럽다고 뒤에서 욕하면서도 제발 같이 일하자고 매달리는 경우는 많이 봤어도.

결국 일은 일일 뿐이다. 지금은 완전히 구별해서 생각하게 되었다. 일로 만난 사이는 철저하게 서로의 영역을 존중하면서 협업에만 충실히 임한다. 친절하게 대하되 사적인 감정을 개입시키지 않으려 한다. 물론 일로 만난 사이여도 사적으로 친한 친구가 될 수 있지만, 그러려면 오랜 시간 서로 신뢰를 쌓는 과정이 필요한 것 같다.

나와 사적인 시간을 함께 보내는 사람들은 정말 오래된 친구들이 대부분이다. 고등학교, 심지어 초등학교 때부터 친구인 몇 명. 서로 밑바닥까지 보여줄 수 있는, 잘 보이려고 애쓸 필요가 하나도 없는 친구들. 그들과의 시간이 가장 즐겁다.

그리고 새로운 삶을 지탱해주는 가장 든든한 관계는 결국 가족이다. 판사를 그만두고 전업작가를 하겠다는 데 선뜻 찬성할 가족은 아마 드물 것이다. 그런데 아내와 딸들은 내 선택을 지지해주었다.

아직도 마음에 아내의 한마디가 남아 있다. 다 좋은데, 딸들 결혼할 때까지만 법원에 남아 있으면 안 될까? 무슨 뜻인지 너무나 잘 알기에 마음이 무거웠지만 그러기에는 너무 오랜 시간을 기다려야 할 것 같아서 다시 설득했고, 마침내 아내도 동의해주었다. 나는 나 하고 싶은 일을 하며 살겠다고 이기적인 선택을 한 것인데, 알면서 져준 것이다. 그 덕분에 나는 새로운 삶을 시작할 수 있었다. 그래서 더 무거운 책임을 느낀다. 경제적으로든 사회적으로든 그들의 희생을 강요하는 결과를 낳지 않기 위해.

## 3부

## 매력적인 오답을 쓰는 삶

판사든 작가든, 타인의 삶을
깊이 들여다보아야 할 수 있는 일이다.
인간의 삶이라는 같은 재료를 가지고
옳고 그름을 판단할 것이냐,
의미 있는 질문을 던질 것이냐의
차이가 있을 뿐이다.

## 나는 왜 전업작가가 되었나

　판사를 그만두고 왜 드라마작가가 되었느냐, 드라마작가가 된 특별한 이유가 있느냐 등의 질문을 여기저기서 많이 받아왔다. 그만큼 뜻밖의 선택으로들 보는 것 같다. 하지만 세상 모든 일에는 나름의 이유가 있기 마련이다. 사실 내 어린 시절의 꿈은 법조인과는 거리가 멀었다. 나의 꿈은, 만화 스토리작가였다.

　나는 어릴 때부터 만화를 좋아했다. 초등학교에 들어가기 전부터 엄마 몰래 동네 만화 가게에서 몇 시간이고 만화를 보곤 했다. 만화 속에서 우주로, 가본 적 없는 먼 나라로, 깊은 바닷속으로 떠나는 일이 그렇게 좋았다. 그 영향인지 초등학교 시절 내내 나를 주인공으로 온갖 상상을 하는 버릇이 생기기도 했다. 길을 걸을 때도 머릿속에서는 다른 은하계를 향해 날아가고 있었고, 웸블리스타디움 같은 큰 무대에 올라 기타를 치고 있었고, 메이저리그 투수가 되어 강속구를 던지고 있었다. 특별한 계기가 없어도 자동으로 온갖 상상이 끊이지 않았다. 머릿속에서 하루종일 영화가 상영되는 느낌이었다.

그러다보니 자연스레 내 이야기를 만화로 옮기고 싶어졌지만, 그림에는 별 소질이 없었던지라 스토리작가가 되면 좋겠다는 생각을 했던 것이다. 그저 하루종일 떠오르는 온갖 이야기를 받아 적기만 하면 될 것 같았다. 그때 어린 생각으로는.

초등학교 고학년이 되고 중학생이 되면서 관심이 문학으로 옮겨갔다. 수업시간에도 교과서 밑에 소설책을 숨겨놓고 읽는 심각한 책벌레생활이 계속되었다. 책뿐 아니라 영화에도 빠져 있었으니, 나는 기본적으로 '이야기 중독자'로 성장기를 보냈던 것 같다.

사실 대학도 국문과나 연극영화과를 가고 싶어서 고민했다. 평생 좋아하는 책과 영화, 음악 속에서 살아갈 수 있다면 행복할 것 같았다. 하지만 1980년대였다. 글을 써서 먹고산다는 것은 불가능해 보였다. 게다가 소설이나 영화를 감상자로서 좋아했을 뿐 내가 창작자로서 능력이 있는지는 알 길이 없었다. 문예반 활동을 한 것도 아니었고 습작을 한 적도 없었다. 가난한 집 장남이었던 나는 현실에 일찍 눈을 뜬 상태였기에 막연한 꿈보다는 오롯이 내 능력만으로 생계 걱정 없이 살 수 있는 길을 찾고자

했다. 그래서 법대에 가고, 힘겹게 고시공부를 했다. 안정된 직장을 갖고 싶어서.

판사가 된 후 어린 시절의 꿈은 자연히 잊혀갔다. 철없던 어린 시절의 몽상일 뿐이었다. 작가는 아무나 하나. 타고난 재능과 글을 위해 목숨 바칠 열정이 있는 극소수의 사람이나 할 수 있는 일 같았다. 그런 이들의 작품을 감상할 수 있는 것만 해도 감사한 일이었다. 나는 철저히 감상자로만 남기로 했다. 내가 인생 후반기에 작가, 그것도 드라마작가가 되리라고는 정말 꿈에도 생각하지 못했다. 정년까지 판사로 일하는 것이 내 인생 계획이었다.

초임판사 시절 재미있는 해프닝이 있기는 했다. 나는 1999년에 3년 차 판사로 서울행정법원에 근무하고 있었는데, 처음으로 드라마, 그것도 한국 드라마에 빠지고 말았다. 〈카이스트〉였다. 카이스트를 배경으로 대학원생들이 치열하게 공부하며 미래를 고민하는 이야기였다. 작위적 설정도 억지 신파도 연애 강박도 없는 현실적인 드라마였다. 나는 난생처음 '드라마 덕질'에 빠진 끝에 이 드라마 열성팬들 게시판까지 찾아냈다. 그것도 무려 카이스트 재학생들의 게시판을. 밤만 되면 그 게시판에서 실제 학생들의 반응을 보며 감동을 되새기곤 했다. 외부인도 회원 가입을 하면 읽고 쓸 수 있어서 다행이었다. 물론 닉네임만으로 활동하는 곳이었다.

그런데 〈카이스트〉도 그만 중반부부터 매너리즘에 빠진 듯했다. 로봇축구 등 보여주기식 소재에만 매몰되고 인물들의 개성과 케미, 진짜 감정이 사라진 느낌. 참고 참다가 도저히 못 참겠어서 그 게시판에 닉네임으로 장문의 글을 썼다. '요즘의 〈카이스트〉이대로 좋은가?'에 관해 사자후를 토한 셈. 그동안 이 드라마의 어떤 점에 감동하고 반했는지, 그런데 요즘은 무엇이 아쉬운지. 이곳의 반응을 보조작가들이 참조한다는 소문이 있었기에 더 열심히 쓴 것 같다.

그로부터 3일 후, 메일 한 통이 날아왔다. 발신자는 송지나 작가였다. 놀랍게도 정말로 그 드라마를 쓴 작가가 직접 메일을 보내온 것이다. 장기간의 집필로 많이 지치고 의욕이 저하된 상태였는데, 이렇게 열심히 애정을 갖고 세심하게 봐주는 팬이 있다니 정신이 번쩍 났단다. 그리고 내가 지적한 아쉬운 점들에 대부분 동의하고, 조금만 더 지켜봐달라고 하더라.

이때의 내 심정이란 J. K. 롤링에게 직접 답장을 받은 『해리포터』 꼬마 팬의 그것과도 같았다. 나는 성공한 덕후였다! 신심을 회복한 나는 이후 종영시까지 계속 열성적인 시청자로 남았다. 〈카이스트〉처럼 실제 어딘가 있을 것 같은 청춘들이 열심히 일도 하고 사랑도 하고 고민도 하고 실수도 하며 성장하는 이야기, 언젠가 나도 그런 이야기를 쓸 수만 있다면 얼마나 좋을까, 생각했지만 이미 판사의 길을 걷기 시작한 당시의 나에게는 꿈

같은 이야기일 뿐이었다. 1990년대 후반, 당시만 해도 판사가 드라마를 쓴다는 건 상상할 수도 없는 일이었다.

그런데 정말, 그 일이 일어나버렸다. 20여 년 후, 2018년에 나는 현직 판사로 근무하면서 젊은 판사들이 열심히 일도 하고 사랑도 하고 고민도 하고 실수도 하며 성장하는 이야기 〈미스 함무라비〉로 드라마작가 데뷔에 성공한 것이다. 마치 어린 시절 나를 주인공으로 상상하던 그 온갖 황당한 이야기 같은 일이 실제로 벌어져버렸다. 난생처음 써보는 드라마 대본이었다. 드라마 작법서 한 권 읽은 적도 없었다. 도대체 어떻게 이런 일이 가능한지 나 자신도 믿기지 않았다.

물론 당연히 부족한 점투성이였다. 작법도 대사도 미숙했다. 내가 이 사회에 하고 싶은 주장이 다듬어지지 않은 채 전면에 투박하게 드러났다. 정말 괜찮겠느냐고 제작사에 물었더니 돌아온 대답은 바로 그 점이 좋다는 것이었다. 능숙하지만 하고 싶은 이야기가 없는 공허한 글보다, 투박해도 하고 싶은 이야기가 분명한 글이 낫다면서.

생각해보면 나는 그때 이 사회에 하고 싶은 이야기가 판사 생활 20여 년 동안 쌓이고 쌓여서 넘쳐나오던 시기였다. 판사로 일하며 보아온 그 숱한 사건에 대한 충격, 분노, 회의, 슬픔이 내 안에 은연중에 가득 쌓여서 분출될 곳을 찾고 있었다. '박차오름'의 분노, '임바른(김명수 분)'의 냉소, '한세상(성동일 분)'의 체

넘은 모두 나 자신이 겪은 것들이었다.

내가 만약 국문과나 연극영화과로 진학했다면 작가가 되지 못했을 것이다. 어린 시절처럼 평생 온갖 이야기를 상상만 했다면 작가가 되지 못했을 것이다. 나는 소설가로서도 극작가로서도 비범한 재능이 없기 때문이다. 역설적이게도 이야기꾼의 꿈을 포기하고 현실적인 이유로 택한 법관의 삶이 작가의 길을 열어주었다. 판사는 이 사회 구석구석의 수많은 '진짜 이야기'를 평생 들여다보며 치열하게 고민해야 하는 직업이기 때문이다.

처음 판사가 되었을 때만 해도 내가 나름대로 힘든 일들을 겪으며 성장한 사람이라고 생각했다. 얼마 지나지 않아 말도 안 되는 착각임을 깨닫게 되었다. 세상에는 내가 상상조차 못한 끔찍한 빈곤과 폭력이 가득했다. 파산부에서는 모든 것을 잃고 자살을 시도했던 사람들의 이야기를 매일 들어야 했고, 가사재판을 할 때는 한때 사랑했던 부부가 서로를 인간쓰레기로 매도하는 이야기를 매일 들어야 했다. 전국을 통틀어 드물 것이라고 생각했던 친딸 성폭행 사건이 내가 근무했던 한 도시에만도 1년에 수십 건 발생한다는 사실을 알게 되었다. 세상이란 왜 이렇게까지 잔혹한 것일까. 자꾸만 인간의 본성에 대해, 그리고 사회가 무엇을 할 수 있고 해야 하는지에 대해 고민하게 되었다. 피가 흥건한 응급실에 붕대와 반창고 몇 개만 들고 서 있는 듯한 무력감을 느꼈다. 첨예하게 다투는 살인 사건의 유무죄를 여러 날 잠

못 이루며 고민할 때는 정말이지 수명이 줄어드는 것 같았다. 오판하면 합법적인 살인자가 될 수 있는 직이 판사이기 때문이다.

이런 과정에서 내가 직접 몸으로 부딪치며 겪은 진짜 경험이, 나를 뒤흔든 진짜 감정이, 나를 작가로 만들었다. 나도 모르는 새 조금씩 작가가 되어가고 있었던 것이다.

하고 싶은 이야기는 분명히 있지만 이야기를 만들고 전달하는 방법은 미숙한 내게 드라마는 좋은 매체였다. 소설은 오로지 내가 쓴 글에만 의지해야 하지만 드라마는 수많은 동료에게 의지할 수 있었다. 배우, 연출, 카메라감독, 미술감독, 음악감독, 프로듀서들…… 설계도만 그리면 거기에 다채로운 색을 입힐 동료들이 있었다. 내 글이 드라마가 되어가는 놀라운 과정을 지켜보면서 짜릿했다. 마술 같았다.

방영이 된 후에는 또 새로운 기쁨에 눈을 떴다. 내가 쓴 이야기를 보면서 웃고 울고 감동해주는 시청자들의 반응이었다. 나는 그때 시청자 댓글, 드라마 커뮤니티의 글들을 하나도 빠짐없이 찾아 읽었다. 드라마의 작은 부분까지 놓치지 않고 보아주는 이들의 정성스러운 글들, 드라마에 나온 장소들을 일일이 찾아다니면서 찍은 사진을 올린 글들을 밤마다 읽으며 감격의 눈물을 흘렸다. 어린 시절 혼자 머릿속으로 이야기를 상상만 할 때는 모르던 기쁨이었다. 종영 후에는 드라마 팬들이 감상문을 모아서 두툼한 책으로 만들어 보내주기까지 했다. 그 책을 보물처럼 간직하고 있다.

너무나 행복했지만 이때까지만 하더라도 법관 인생에 딱 한 번 있을 처음이자 마지막 경험이라고 생각했지, 드라마작가로 전업할 생각은 전혀 하지 않았다. 그런데 또 한번 예기치 못한 일이 벌어졌다. 앞에서 이야기했듯이 양승태 대법원에서 벌어진 이른바 '사법농단 사태' '법관 블랙리스트 의혹'이 터져나온 것이다. 묵묵히 헌신적으로 일하는 여러 동료를 향한 신뢰와 애정을 듬뿍 담아 『미스 함무라비』를 썼는데, 법원 수뇌부는 그걸 썼다는 이유로 나를 '물의 야기 법관'이라며 블랙리스트에 올렸단다. 나는 어린 시절의 꿈을 기적같이 이룬 행복을 만끽하지도 못한 채 내 이름이 거명되는 뉴스를 참담한 심정으로 지켜봐야만 했다.

바로 그때 생각지도 못한 먼 곳에서 갑자기 인연이 찾아왔다. 대만변호사회에서 연락이 온 것이다. 〈미스 함무라비〉가 대만에도 방영되었고, 특히 법조인들이 많이 좋아했다면서 드라마에 관해 함께 이야기하는 자리를 갖고 싶다는 거였다. 열 명 남짓 모여 조촐한 티타임을 하는 자리겠거니 하고 우울한 기분도 바꿔볼 겸 가보았는데 세상에, 100명도 넘는 이들이 와 있었다. 대부분 변호사지만 판사도 일곱 명 정도 있었고 교수, 인권활동가, 젠더 문제에 관심 많은 국회의원도 있었다. 대만 남쪽 도시에 근무하는 판사 몇 명은 일부러 휴가를 내어 타이베이까지 왔다고 했다.

　이렇게 많은 이가 드라마 속 '한세상' 부장판사의 연륜이라든지 의욕이 앞서 실수하면서도 꿋꿋이 성장하는 초임판사 '박차오름'의 용기에 대해 장면 하나하나, 대사 하나하나까지 인용하며 이런 점이 좋았다, 이런 걸 느꼈다고 이야기해주었다.

　비현실적인 느낌마저 들었다. 방구석 컴퓨터 앞에 앉아 '이걸 과연 누가 좋아해줄까?' 하는 의구심을 품고 서툴게 써내려간 이야기가 생각도 못해본 바다 건너 먼 곳, 쓰는 언어도 다른 이들의 마음을 움직인 것이다. 직업상 같은 고민을 해본 이들이기에 더 깊이 공명한 것 같다. 드라마를 계기로 원작 소설 『미스 함무라비』도 대만 출판사의 출간 제의를 받아 번역 출간되었다.

　그 무렵 서울에서 열린 법 관련 국제회의에 참가한 태국 판사가 같은 자리에 참석한 한국 판사를 통해 〈미스 함무라비〉를 재미있게 보았고, 태국에도 팬이 많으니 들를 일이 있으면 연락달라는 영상메시지를 전해오기도 했다. 황송해서 몸 둘 바를 모를 지경이었다.

　한번 맺은 인연은 더 깊어졌다. 대만변호사회 초청에 응한 다음해인 2019년 여름, 이번에는 대만 대법원이 〈미스 함무라비〉에 관한 강연을 해달라는 초청장을 보내왔다. 공식 초청이었다. 공항에 내리니 대만 법원행정처 젊은 판사가 영접을 나와 있었고, 대법원에 도착하니 법원행정처장이 직접 반갑게 맞이해주었다.

대법관들과 대법원장에게 일일이 나를 소개하고, 대법정 곳곳에 있는 전통예술품이나 문구의 의미도 열심히 설명해주더라.

그러고는 대법원 대강당에 모인 100명 가까운 판사들 앞에서 〈미스 함무라비〉에 대해 강연을 하게 되었다. 맨 앞자리에는 대법원장이 앉아 있었다. 딸도 젊은 판사라 '박차오름' 캐릭터에 몰입하면서 보았단다. 단순한 강연회가 아니라 〈미스 함무라비〉가 다루는 성차별 등 젠더 이슈, 법원의 관료화 문제, 사법부와 시민사회의 소통 가능성 등에 관해 대만 판사들이 주제 발표까지 하고 토론하는 소규모 심포지엄이었다.

정작 내가 그토록 사랑한 조국의 법원에서는 〈미스 함무라비〉가 법원의 신뢰에 흠집을 냈다며 내 등뒤에서 칼을 꽂고 있었는데, 살면서 한 번도 인연이 없던 타국의 대법원에서는 내가 말하고 싶었던 진심을 있는 그대로 들어주었던 것이다. 나는 기쁘면서도 슬펐다.

대만에서 돌아온 후, 나는 평생 법관을 꿈꾸던 마음을 조용히 접기 시작했다. 인생이란 참 묘하다. 어린 시절의 꿈을 포기하고 선택한 법관의 삶에서 행복을 찾았는데, 그 삶이 뜻하지 않게 어린 시절의 꿈을 잠깐이나마 실현할 기회를 주었다. 그러더니 이번에는 정까지 떼며 나가라고 등을 밀었다. 나는 더이상 법원에서 행복하지 않았다. 반면 내 이야기 하나에 낯선 많은 이가 웃고 울며 공감해주는 놀라운 경험은 내가 겪어보지 못한 새로운 행복을 주었다. 모험이지만, 나는 그 행복을 찾아 새로운 길을 가기로 마음먹었다. 전업작가, 프로 이야기꾼으로 살아가는 길을.

# 내가 쓸 수 있는
## 이야기를 쓸 것

　사람에게 일이라는 것이 중요하긴 한가보다. 판사로 살 때는 모든 관심의 초점이 법원과 재판에 있었다. 기사를 훑어보든 인터넷에서 화제가 되는 글을 읽든 유독 법원에 관한 것이 눈에 확 띄었다. 잘못한 점을 볼 때마다 마음이 무거웠고, 그래도 팔이 안으로 굽는 게 인간인지라 근거 없는 오해를 보면 해명하고 싶었다. 하다못해 할리우드 법정영화를 볼 때도 영화로만 보게 되지 않았다. 판사 언행이 별로인 걸 보면 나도 조심해야겠다 싶고, 멋있는 걸 보면 나도 저렇게 해봐야지, 싶곤 했다. 가끔 잠이 오지 않는 밤에 뒤척거리다가 벌떡 일어나서 컴퓨터를 켜고는 재판제도 개선에 관해 떠오르는 아이디어를 마구잡이로 메모하기도 했다. 낮에 다시 보면 대부분 허황된 것이었지만.

요즘은 글에 관한 생각을 그렇게나 하게 된다. 글쓰기를 업으로 삼은 이상 어쩔 수 없는 걸까. 23년 동안 '좋은 재판이란 무엇일까'가 나의 화두였다면 지금은 '좋은 글이란 무엇일까'가 그 자리를 대체했다. 그런데 어렵다. 이 질문이 더 어려운 것 같다. 무엇이 좋은 글일까. 나만 하는 고민은 아닐 것이다. 글이든, 음악이든, 영화든, 웹툰이든, 유튜브든 콘텐츠를 생산하는 사람들, 그리고 이런 일에 관심 있는 사람들이라면 누구나 해보는 고민이다.

100만 부씩이나 팔리는 베스트셀러가 좋은 글인가? 문학상을 휩쓰는 글이 좋은 글인가? 조회 수 많은 글이 좋은 글인가? 추천이 많은 글이 좋은 글인가? 천만 영화가 좋은 영화인가? 평론가들이 하늘에 있는 별을 모두 주고 싶다고 상찬하는 영화가 좋은 영화인가? 시청률 높은 드라마가 좋은 드라마인가? 마니아가 많은 드라마가 좋은 드라마인가? 대중이 좋아하는 이야기가 좋은 이야기인가? 대중의 취향에 영합하지 않고 새로움에 도전하는 이야기가 좋은 이야기인가? 옳은 이야기가 좋은 이야기인가? 재미있는 이야기가 좋은 이야기인가?

역시 답하기 쉽지 않다. 이런 고민을 끙끙대며 하다보니 문득 이런 생각이 들었다. 답이 쉽지 않다는 것은 혹시 질문이 잘못되었기 때문이 아닐까?

누군가는 인스타그램에 올릴 법한 예쁜 사진에 곁들여진 마음 따뜻해지는 글귀를 모아놓은 책을 읽으며 진심으로 위안을 얻는 반면, 누군가는 그런 책에 쓰이려고 희생한 나무들에게 미안하지도 않냐며 화를 낸다. 누군가는 싸구려 천만 영화는 한 번도 본 적이 없다며 자신의 고급 취향을 자랑하고, 누군가는 칸에서 상 탔다고 잘난 척하는 지루한 예술영화는 무조건 거른다며 학을 뗀다.

과연 모두가 동의하는 좋은 글, 좋은 이야기라는 게 있긴 있을까? 물론 좋은 콘텐츠가 가져야 할 여러 덕목이나 오랜 시간 발전해온 창작 이론, 비평 기준을 깡그리 무시하자는 것은 아니다. 하지만 그 어떤 이론도 무엇이 좋은 콘텐츠인가에 대한 정답을 제시하지는 못한다. 정답을 안다면 오만이다.

결국 나는 질문을 바꿔보기로 했다.

누가 좋아하는 글을 쓸 것인가?

글 자체에서 보편적인 가치를 찾으려는 '절대주의적 관점'에서 수용자 집단의 취향에 따른 차이를 인정하는 '상대주의적 관점'으로 시각을 바꿔본 것이다. 신기하게도 질문을 달리하니 그림이 떠오르기 시작했다. 책을 읽고, 드라마를 보고, 극장에 앉아 있는 사람들이. 글을 쓴다는 것은 누군가에게 말을 거는 일이다. 나는 누구에게 말을 걸고 싶은 것인가. 왜.

이렇게 질문을 바꿔보니 비로소 질문 뒤에 숨어 있던 것이 드러났다. 욕망이다. '좋은 글이란 무엇인가'라는 질문은 추상적이고 '누가 좋아하는 글을 쓰고 싶은가? 왜?'라는 질문은 구체적이다. 스스로에게 정직하기만 하다면 답을 할 수 있다. 자기 자신은 속일 수 없기 때문이다.

뻔뻔할 만큼 솔직하게 자문자답해보자. 돈을 벌고 싶은가? 그러면 최대한 많은 사람이 좋아할 쉽고 대중적인 이야기를 쓰는 게 성공 확률이 높다. 대신 그런 거나 쓰고 있느냐는 비아냥을 들어도 감수해야 한다. 스스로의 눈높이를 만족시키지 못해 괴로울 수도 있다. 명예를 원하는가? 그렇다면 그 분야에서 가장 눈 높은 독자들과 평론가가 좋아할 예술적인 이야기를 쓰기 위해 노력해야 한다. 대신 배는 고플 가능성이 높다. '가장 눈 높은'이라는 수식어 자체가 개념적으로 소수를 뜻하기 때문이다. 게다가 이들 중에는 누군가를 깎아내림으로써 자신의 취향을 증명하려는, 인정욕구가 강한 이들도 상당히 많다는 점을 명심해야 한다.

진짜로 세상을 낫게 만들고 싶은가? 그렇다면 나와 생각이 반대인 사람을 대상으로 조심스럽게 최소한이라도 공감대를 찾아가는 글을 써야 한다. 그게 아니라 '세상을 낫게 만들고 싶은 사람인 척'해서 누군가의 인정을 받고 싶은 게 진짜 목적인가? 그렇다면 나와 같은 편인 사람들을 대상으로, 다른 편인 사람들을 최대한 극렬하게 욕하고 비웃는 글을 쓰며 선명성을 과시해야 한다.

음식점으로 비유하자면 프랜차이즈 식당을 차리고 싶은지 파인다이닝 레스토랑을 차리고 싶은지, 아니면 그 중간 어딘가에서 동네 맛집을 차리고 싶은지 스스로 명확히 해야 한다. 글쓰기 역시 자기 욕망을 들여다보는 작업이 선행되어야 할 것 같다. 자기 자신은 속일 수 없기 때문이다.

그래서 스스로에게 물어보았다. 나는 누가 좋아하는 글을 쓰고 싶은가? 판사를 하면서 글을 쓸 때는 철저히 나 자신이 좋아하는 글만 썼다. 직업이라고 생각하지 않았기 때문에 오로지 나 자신의 즐거움을 위해 글을 썼다. 내가 좋아하는 주제를 내가 좋아하는 방식으로 썼다. 『개인주의자 선언』도 『미스 함무라비』도 『쾌락독서』도 어차피 나는 아마추어인데 뭐, 라는 뻔뻔스러움을 무기로 거침없이 손 가는 대로 썼다. 그때는 글쓰기가 오락이고 힐링이었다. 매주 재판하고 판결문 쓰는 일상에서 글을 쓰는 시간만은 자유로웠다. 남을 의식할 이유도 여유도 없었다. 내 안에 쌓여 있는 이야기를 쏟아내기에도 바빴다.

그런데 글쓰기가 직업이 되고 나니 상황이 달라졌다. 이제 글을 써서 생계를 유지하고 가족을 부양해야 한다. 더이상 아마추어라는 핑계도 댈 수 없었다. 이제 나 자신만을 위한 자족적인 글쓰기는 불가능했다. 시장이 요구하는 글을 쓰지 못하면 도태된다는 공포가 찾아왔다. 전업작가가 된 이후로 만나는 드라마 업계의 사람들은 철저히 비즈니스 관점으로 글에 관하여 이야기했다. 요즘 대중은 사이다를 원한다. 빌드업 구간이 조금이라도 길면 견디지 못한다. 요즘 해외 세일즈가 잘되는 작품은 이런 장르다. 이런 쪽은 해외에서 안 팔린다. 톱배우들은 자기가 안 해본 독특하고 센 캐릭터를 찾는다, 아니면 대박나고 CF 많이 들어올 만한 상업적인 작품이거나. 그들의 니즈에 맞는 걸 써야 센 배우가 붙는다. 글로벌 OTT에서 요즘 찾는 작품 경향은……

매일 이런 이야기를 들으며 결심했다. 이제 프로 작가이니 거기에 걸맞은 역량을 갖춰야 한다. 시장이 원하는 글, 상업적인 글, 트렌드 분석에 기반한 기획상품도 쓸 수 있어야 프로 이야기꾼으로 살아갈 수 있다고 생각했다. 글로벌 OTT가 수백억을 투자하는 텐트폴 작품들에 대한 기사를 보며 나도 그런 걸 써야 한다고 생각했다. 언제까지나 전직 판사 타이틀에 의지해서 법정물만 쓰며 살 수는 없다. 자꾸 사회적 의미를 담으려고 하다가는 자칫 대중을 가르치려 든다는 반감만 살 수 있다. 어떤 장르든 재미있게 쓸 수 있어야 한다. 마음을 굳게 먹었다.

그러고는 시장분석에 들어갔다. 근래 히트작들의 성공요인을 분석하고, 신작들에 대한 대중의 반응도 매번 체크했다. 시장반응이 즉각적인 웹소설계의 작법서들도 참고했다. 재테크 공부를 하던 때와 비슷했다. 공부하면 답이 보일 거라고 생각했고, 여전히 공부에는 나름 자신이 있었다.

그러고는 내 딴에는 상업적인 기획안을 쓰고 대본 집필을 시작했는데, 잘 시작하고도 번번이 특정 지점에서 벽에 부딪혔다. 바로 나 자신이라는 벽이다.

나는 초능력 히어로물을 구상해놓고도 정작 집필에 들어가면 자꾸만 자기 자신이 초능력자가 진짜 맞는지 혼돈과 회의에 빠진 햄릿을 그리거나, 반대로 실제로는 아무 능력이 없는데 자신에게 능력이 있다고 착각한 바보가 우연의 일치로 세상을 구하는 돈키호테 이야기로 빠지곤 했다. 초반 기획에 관심을 보였던 투자자들은 주인공들이 구체적으로 어떤 초능력을 어떤 비주얼로 멋지게 보여주며 사이다 활약을 펼칠지 보고 싶어하는데 나는 자꾸만 이 주인공에게 이 능력은 어떤 의미인지, 그 능력이 진짜로 그에게 행복을 주는지, 세상에는 어떤 영향을 미치는지에만 집중했다. 가만히 생각해보면 이는 모두 판사생활을 하던 시절 나 자신의 고민과 결부된 문제들이었다. 남을 판단하는 무거운 권한은 때로는 보람을 주었지만, 나를 짓누르기도 했던 것이다.

대중이 원하는 기획상품을 만들어보겠다고 시작해놓고는 자꾸만 도돌이표처럼 나 자신의 고민으로 돌아가서 이야기를 무겁게 만들어버리곤 했다. 마음을 다잡고 투자자들이 원하는 초능력의 구체적인 설정값과 사이다 활약상 등을 짜려고 하면 자꾸만 열의가 식고 아이디어가 나오지 않았다. 더이상 글쓰기가 즐겁지 않고 하기 싫은 숙제를 억지로 하는 것 같았다.

그제야 나 자신을 다시 한번 돌아보게 되었다. 나는 애초에 어떤 이야기든 상관없이 능수능란하게 늘어놓을 수 있을 정도로 비범한 재능을 갖고 있지 못하다. 50대에 접어든 사람으로서 젊은이들만큼 유연하고 트렌드에 민감하지도 못하다. 이미 확고하게 형성된 가치관과 취향이 있다. 어떤 이야기를 하든 살아오면서 했던 경험과 고민이 자연스럽게 녹아들곤 한다. 나 자신이 동의하지 못하는 이야기는 쓰지 못한다.

이 모든 것이 결국 프로 이야기꾼으로서 나의 한계일 것이다. 하지만 그 한계가 동시에 나의 정체성일지도 모른다는 생각을 하게 되었다. 세상에는 어차피 재미있는 이야기를 나보다 훨씬 잘 만드는 사람들이 많다. 내가 할 수 있는 것은 내가 잘할 수 있는 이야기를 열심히 쓰는 것이 아닐까. 생각해보니 딸들이 사춘기 시절 진로를 고민할 때 내가 해주던 이야기가 있다. '노래방 이론'이라고 내 마음대로 이름 붙인 것인데, 친구들과 노래방에 가면 네가 하고 싶은 노래 말고 잘하는 노래를 부르라는 이야기다. 잘하지도 못하는 어려운 노래를 억지로 부르면 싸늘한 반응에 위축될 뿐이다. 하지만 능숙하게 잘하는 노래를 하면 모두가 따라 부르며 호응하고 스스로도 신이 나고 행복해진다. 너 혼자 하고 싶은 노래는 코인노래방 가서 해라. 그것이 사회적 동물인 인간의 숙명이다.

결국 나는 내가 가장 잘할 수 있는 이야기를 쓰기로 했다.

그것이 지금 쓰고 있는 공익변호사 이야기다. 그것도 이기적인 속물 판사가 사고 치고는 본의 아니게 공익변호사가 되어 마지못해 공익 사건을 해결해나가는 이야기. 그러자 놀랍게도 바로 업계에서 좋은 반응이 와서 일이 착착 진행되어 방송을 앞두고 있다. 이번 노래는 다행히 들을 만했나보다.

　이제는 헛된 욕심과 망상은 다 내려놓고 앞으로도 내가 잘할 수 있는 이야기, 내가 쓰고 싶은 이야기에만 집중하기로 했다. 나는 자기 일에 애정을 가진 성실한 사람의 이야기를 좋아한다. 우리 사회가 겪고 있는, 그리고 앞으로 겪을 여러 문제에 대한 고민을 이야기하고 싶어한다. 타고난 영웅보다는 적당히 이기적이고 적당히 속물인 현실적인 인물들을 좋아한다. 그런 사람들이 느슨하지만 든든하게 연대하는 이야기를 좋아한다. 내가 살면서 실제로 본 바가 그렇기 때문이다. 법원에서 나를 감동시킨 동료들은 잘나가는 엘리트 판사들도 아니었고, 대학 때 투사로 이름 날리고 엄청나게 진보적인 발언을 내뱉는 이들도 아니었다. 밤마다 짜장면 시켜 먹으면서 끝도 없이 밀려오는 개인파산 사건기록 하나하나를 정성스레 읽고 고민하던 동료들, 전관변호사는커녕 국선변호사 하나 없는 작은 벌금 사건 피고인의 하소연을 미련할 만큼 귀기울여 듣고 억울함이 없도록 재판하려던 동료들, 아이들 키우면서 일하느라 극장에서 영화를 본 게 얼마 만인지 모르겠다며 눈물을 슬쩍 훔치던 여성 판사들. 나는 그런 사람들이 있기에 그래도 세상이 돌아간다고 생각한다. 그들이 내 이야기의 주인공들이다.

결국 『개인주의자 선언』에서 내내 하던 이야기와 같다. 거창한 이념도 집단도 아닌, 서로의 경계를 존중할 줄 아는 합리적인 개인들의 느슨한 연대가 세상을 실질적으로 낫게 바꿀 수 있다는 믿음.

유감스럽게도 요즘 세상은 자꾸만 그 반대 방향으로 돌아가고 있는 것 같다. 사이비종교, 무속, 맹목적인 혐오와 진영논리가 세상을 뒤흔들고 있지 않은가. 이런 시대에 내가 하는 이야기가 얼마나 공감을 얻을 수 있을지는 모르겠다. 그래도 내가 할 수 있는 일을 해나가려고 한다. 어차피 나는 내가 동의하지 못하는 이야기는 쓸 수 없는 사람이니까.

# 꿈을 이루는
## 제3의 길

　드라마작가가 되는 길은 드라마 대본 공모전에서 입상하여 제작사와 계약하거나, 기성작가의 보조작가로 들어가서 도제식으로 오랫동안 일을 배운 후 입봉의 기회를 갖는, 두 가지였다. 두 길 모두 대학 문예창작과나 드라마작가 육성을 위한 아카데미를 통해, 먼저 드라마 작법 공부를 충분히 하고 습작도 많이 해본 지망생들을 위한 길이다. 10년은 노력해야 입봉의 기회가 오는 것이 일반적인 경우였다.

　그런데 지금은 나와 같은 제3의 길이 얼마든지 가능한 시대가 되었다. 그 제3의 길이란, '원작 작가'가 드라마도 쓰게 되는 길이다.

　제3의 길로서 가장 성공적인 케이스는 디즈니플러스의 대히트작 〈무빙〉의 원작 웹툰작가이자 드라마 대본도 직접 써서 데뷔한 강풀 작가를 들 수 있다. 강풀 작가 역시 웹툰 분야에서는 베테랑 중 베테랑이지만 드라마라는 다른 매체의 문법에는 익숙지가 않아서 대본 집필 초기에는 어려움을 겪었다고 한다. 또다른 히트작 〈이태원 클라쓰〉의 원작 웹툰작가인 조광진 작가 역시 드라마 대본을 직접 써서 데뷔했다. 정세랑 소설가도 자신의 작품 『보건교사 안은영』을 넷플릭스 오리지널 드라마로 직접 각색하여 데뷔하는 등 순문학, 웹툰, 웹소설 가리지 않고 원작자가 직접 드라마 대본까지 쓰는 경우는 계속 늘고 있다. 원작은 픽션에 국한되지 않는다. 자기 직업이나 삶에 대해 진술하게 쓴 에세이를 드라마화하는 경우도 늘고 있고, 이 경우도 원저자가 직접 드라마까지 쓰기도 한다. 이혼 전문 변호사인 최유나 변호사가 자기 일에 관해 펴낸 에세이를 계기로 드라마 〈굿파트너〉 대본을 집필하여 데뷔한 사례도 있다.

전통적으로 드라마는 감히 아무나 쓰지 못하는 장인들의 세계로 여겨졌다. 드라마업계의 레전드로 꼽히는 김수현 작가의 경우, 지문에 '숙주나물을 다듬는다'고 썼는데 소품팀이 콩나물을 준비해서 그대로 촬영한 것을 알고는 불같이 화를 내 현장이 발칵 뒤집혔다는 전설도 있다. 연기를 수십 년 한 베테랑 배우들도 감히 김수현 작가의 대사는 어미 하나 함부로 바꾸지 못했다는 소문도 있고. 그만큼 작가가 자신의 일에 대해 일생 동안 구두점 하나도 함부로 찍지 않을 만큼 열과 성을 다해 완벽을 기해 왔고, 그 노력이 성과로도 수십 년간 검증되어왔기에 그만한 권위를 얻은 것이다. 드라마 방송 매체가 방송 3사밖에 없던 시대, 시청률 50퍼센트가 넘는 '국민 드라마'가 자주 등장하던 시대에는 실제로 아무나 드라마를 쓸 수 없었다. 소수의 장인만이 오랜 수련을 거쳐서 온 국민이 공감하는 극본을 쓸 수 있었다.

그런데 시장이 다변화되었다. 〈겨울연가〉로 일본 시장이 열리고, 중국에 한류 바람이 불고, 아시아 전역으로 그 바람이 퍼져나가고, 넷플릭스를 선두로 한 글로벌 OTT들이 한국 드라마를 전 세계로 송출하기 시작하고, 토종 OTT들도 연이어 등장하고, ENA 등 신생 방송국들도 등장하면서 드라마 제작 편수는 예전의 몇 배, 몇십 배로 증가했다. 플랫폼도 다변화했고, 시청자들도 다양해졌다. 이제 한국 드라마의 시청자는 세계인인 만큼, 그 취향도 각양각색이다. 웹툰, 웹소설, 게임, 유튜브, 숏폼 콘텐츠 등 뉴미디어를 일상적으로 즐기며 성장한 시청자층은 전통적인 긴 호흡, 가족 간 갈등 중심의 서사보다 기발한 상상력, 빠른 전개, 사이다 결말 등을 훨씬 선호한다.

이런 배경에서는 소재의 다양성과 구체성이 큰 무기가 된다. 그래서 독특한 직업 출신의 작가에게 기회가 생기는 것이다. 평생 그 직업에 종사하면서 쌓은 경험과 디테일은 어떤 창작 아카데미나 문예창작과에서도 가르칠 수 없는 자산이다. 현실에 기반한 디테일이 중요한 이유는, 시청자를 극으로 한순간에 몰입시킬 수 있는 강력한 장치이기 때문이다. 사람들은 아무리 거창한 이야기라도 가짜라는 인상을 받으면 시큰둥하게 보지만, 소소한 이야기라도 진짜 살아 있는 사람들의 이야기라는 인상을 받으면 순식간에 몰입한다.

　진화심리학의 관점에서는 이를 사회적 동물인 인류의 본능이라고 본다. 원시시대, 동굴에 살며 수렵생활을 하던 시절부터 타인의 심리는 나의 생존과 번식을 위해 가장 중요한 정보였다. 사냥하다 위기를 맞을 때 저 사람이 나를 구해줄지 버리고 도망갈지, 굶주릴 때 나를 도울지 말지. 짝짓기야 더 말해 무엇하랴. 〈사랑과 전쟁〉은 수십만 년째 현실에서도 방영중인 드라마다. 사람들은 본능적으로 남의 이야기에 끌린다. 그것이 진짜 이야기일수록 더. 진화심리학 좋아하는 나의 뇌피셜이냐고? 워너브라더스를 비롯한 세계적인 스튜디오들에서 스토리 컨설턴트로 일한 전문가 리사 크론이 쓴 책 『스토리 설계자』에도 똑같은 이야기가 나오더라. 이미 할리우드는 진화심리학을 이론적 토대로 관객의 관심을 붙잡는 이야기를 공학적으로 설계해온 지 오래다.

　연애와 가족 갈등을 중심으로 한 전통적인 한국 드라마가 공중파 시대의 시장을 석권했던 것은 한국사회 자체가 가족 중심적이고 동질적이었기 때문이다. 채널 선택권을 쥔 중장년층 부모가 드라마를 선택하면 자녀들도 옹기종기 같이 앉아 보던 시대였다. 지금은 각자 자기 방에서, 지하철에서 휴대전화로 취향에 맞는 이야기를 본다. 이제 국민 드라마란 없다. 다양한 흥미와 관심을 가진 개인들이 소비하는 수많은 콘텐츠가 있을 뿐이다. 이런 시대일수록 다양한 사람들의 진짜 이야기가 눈길을 끈다. 리얼리티 예능이 대세인 이유다. 드라마도 그 흐름에서 예외일 수는 없다.

2016년, 소설『미스 함무라비』가 출간되자 일주일 만에 제작사 스튜디오앤뉴에서 판권 구입 제의가 왔다. 이유는? 이미 제작사들이 눈에 불을 켜고 신간들을 서치하면서 '진짜 이야기' '아직 다뤄지지 않은 이야기'를 찾고 있었기 때문이다. 당시만 해도 검사, 변호사 이야기는 많았지만, 판사라는 직업군을 주인공으로 한 드라마는 없었다. 처음에 제작사는 판권만 사서 드라마작가에게 각색을 맡기려는 생각이었는데, 내가 '아님 말고' 식으로 대본도 1부만 직접 써볼 테니 봐달라고 역제안했다. 그때 쓴 나의 생애 첫 초고는 지금 다시 보면 민망한 수준이다. 드라마인지 만담인지 에세이인지 알 수 없는 형식이 곳곳에 혼재되어 있더라. 그런데 제작사의 눈길을 끈 신이 하나 있었다. 주인공도 아니고, 판사실 속기사의 첫 등장 신이었다.

**이도연** (계속 타이핑하면서 두 사람은 쳐다보지도 않은 채 빠른 속도로 쏟아붓듯) 청사 출입용 지문등록은 1층 종합상황실,

**박차오름**  저……

**이도연**  (O.L.) 지문은 왼손 오른손 엄지든 검지든 상관없구요, 결재용 도장 아직 안 파셨으면 길 건너 골목 안 세번째 집이 딴 집보다 5천 원 쌉니다. 부장님 도장보다 크면 보기 그러니까 작은 걸로 파시구요. (……)

(듣고 선 임바른과 박차오름, 입 벌린 채 서로 눈을 마주치는데,)

**이도연**  지문등록부터 하고 오시는 게 좋을 거예요. 신분증 깜빡하고 스크린도어 밖으로 나가시면 아는 사람 만날 때까지 다시 못 들어옵니다.

**박차오름**  (황급히) 네, 네.

(문밖으로 나가다 다시 고개를 내밀며) 저……

**이도연**  (O.L.) 1층 종합상황실.

**박차오름**  (꾸벅 인사하며) 네에!

(박차오름 사라지고 임바른, 배석판사실 방문을 열고 들어갔다가 잠시 후 문을 열고 나와서,)

**임바른**  저어……

**이도연**  (O.L.) 캐비닛 세번째 단.

(부장실 문 벌컥 열리며 한세상, 머리만 빼꼼히 내민 채)

**한세상**  이 실무관!

**이도연**   (여전히 쳐다보지 않은 채) 강제집행정지기록, 왼쪽 두 번째 무더기, 의료사건기록 밑. 10분 전에 이미 말씀드렸고요.

(한세상 머리 조용히 도로 들어간다.)

제작사의 모든 기획피디가 이 신을 좋아했다. 나는 어리둥절했다. 이게 뭐라고 그렇게 재밌다는 거지? 이제는 안다. 이 짧은 신 하나로, 이건 이 일을 하는 사람들의 진짜 이야기라고 직감하게 되는 것이다. 20년 넘게 이 일을 한 사람만이 쓸 수 있는 몸에 밴 디테일.

물론 직장에서 일하는 모습을 찍어서 그대로 받아 적기만 한다고 신이 성립하는 건 아니다. 실제로 판사에게 저렇게 말하는 속기사도 없다. 디테일은 현실에 기반하되, 판사와 속기사의 권력관계를 '극적 허용'을 통해 역전시켜서 쾌감을 주는 것이 극이다. 그나마 소싯적부터 만화광이었고 평생 소설, 영화, 미드에 빠져 살았으니, 작법은 모르지만 본능적인 스토리 감각은 있어서 이런 신들을 쓸 수 있었던 모양. 챗GPT가 인간들이 만든 빅데이터를 학습하듯, 오랫동안 온갖 콘텐츠를 보며 살아온 나의 뇌 어딘가에 저장된 데이터들이 주어진 상황하에 자동으로 연상되고 변형되고 재구성되면서 신이 만들어진다. 앞에 인용한 신의 경우 재료는 판사실의 일상, 근무 첫날 지문 등록 등의 절차들이고, 레시피는 내가 어릴 적 즐겨보던 만화 〈톰과 제리〉〈코요테와 로드러너〉부터 무수한 영화 등에 이르기까지 강자의 머리 꼭대기에 올라앉은 똑똑하고 시크한 약자의 권력관계 역전 구도일 것이다. 작법 공부를 대단히 한 적이 없다 해도 다양한 '이야기'를 즐기면서 살아온 콘텐츠 소비자들은 누구든 자기 삶의 독특한 디테일들을 재료로 대본을 쓸 수 있다.

그래도 의사, 판사, 변호사 이야기나 드라마화되는 것 아니냐고? 그럴 리가. 몇 년 전 나는 일본 작가가 쓴 에세이 『유품정리인은 보았다』를 읽으며, 이 생소한 직업이 곧 드라마에 등장하겠구나 직감했다. 아니나다를까. 우리나라 유품정리사가 쓴 책을 토대로 넷플릭스 오리지널 드라마 〈무브 투 헤븐〉이 2021년 방영되더라. 엄청난 속도다. 콘텐츠시장에는 학벌도 직업 귀천도 없다. Fun or Nothing. 재미있기만 하면 된다. 그리고 재미있으려면 우선 제일 잘 아는 자신의 구체적인 삶, 그리고 진짜 사람들의 감정을 써야 한다. 웹소설작가든 드라마작가든 콘텐츠 창작자의 삶에 관심이 있다면 남들이 쓴 것을 모방하기보다 우선 자기 이야기를 써보기를 권한다. 사람들은 진짜 이야기에 끌리고 누구나 자기만의 이야기는 갖고 있기 때문이다.

# 불면의 밤과
## 역류성 식도염

　이제는 누구나 드라마작가가 될 수 있는 시대가 열렸다. 하지만 여전히 좁은 길인 것도 사실이다. 누구나 될 수 있다는 것은 그만큼 경쟁이 더 치열해졌다는 말이기도 하기 때문이다. 가능성이 있는 작가 지망생은 많지만 실제로 캐스팅과 방송 편성까지 성공해서 데뷔하는 이는 극소수다.
　힘겹게 입봉해서 프로 작가가 된다고 하더라도 기쁨은 잠시, 이제 본격적인 어려움에 직면해야 한다.
　가장 괴로운 순간은 무엇보다도 재미있는 글이 나오지 않을 때다. 어떤 외부적인 어려움이 있더라도 재미있는 글을 계속 쓸 수만 있다면 작가는 힘이 난다. 남들이 뭐라든 나 자신이 느끼기에 재미있는 글, 의미 있는 글이 나오기만 하면 키보드 앞에 앉아 밤을 새울 수 있는 것이다.

하지만 그 환희의 순간은 오래 지속되지 않는다. 더구나 드라마란 단거리경주가 아니라 마라톤이다. 12부 내지 16부에 이르는 막대한 분량의 글을 몇 년에 걸쳐 써야 한다. 처음 시작할 때는 쓸거리가 넘쳐 보였던 아이템도 시간이 지날수록 신선한 아이디어가 고갈되어간다. 중반부를 넘기는 것이 가장 힘든 이유다.

아무리 모니터 앞에 오래 앉아서 머리를 쥐어짜도 어디선가 본 듯한 뻔한 대사, 뻔한 이야기만 떠오를 때의 절망감은 겪어보지 않은 이들은 모른다. 그것은 공포에 가깝다. 일단 시작한 이야기를 끝맺지 못할 것 같은 두려움. 다시는 재미있는 이야기를 쓰지 못할 것 같은 두려움. 애초에 나는 재능이 없었구나 하는 두려움. 이름만 대면 누구나 알 만한 톱 중의 톱인 작가도 대본을 집필하던 중 프로듀서에게 밤마다 전화해서 울었다는 이야기를 들었다. 난 재능이 없어. 난 이제 그만둬야 할 것 같아, 라면서.

이런 시기가 오면 글쓰기는 고통과 두려움의 대상이 된다. 그 고통을 회피하기 위해 앞에서 이야기했던 '쓰기 싫다병'이 찾아온다. 현실도피다. 이 병에는 약도 없다. 피해 갈 방법도 없다. 오직 고통 속에서 스스로 극복해야 할 뿐이다. 다시 재미있는 글이 나올 때까지 쓰고 또 쓰면서 견뎌낼 수밖에.

그 와중에 제작과정에서 부딪히는 현실적인 문제들까지 해결해야 한다. 돈이다. 회당 제작비가 10억 원이 넘어도 갈수록 높아지는 스타 배우들의 개런티를 빼고 나면 미술, 도구, 조명, 엑스트라 등에 투입할 수 있는 예산은 언제나 부족하다. 미리 꼼꼼히 예산을 짜도 촬영 회차가 진행되면서 돌발상황은 늘 생기기 마련이고, 후반으로 갈수록 예산 부족 사태가 발생할 확률이 높아진다. 건축 현장에서 시공사가 예산 부족에 시달리면? 설계 도면을 그린 건축가에게 도면을 고쳐달라고 찾아올 수밖에 없다. 드라마 현장에서는 작가가 결국 그 역할을 하게 된다. 대본 한 줄 한 줄이 작가에게는 불면의 밤이고 역류성 식도염인데, 동시에 제작 현장에서는 그 한 줄 한 줄이 다 결국은 돈이다. 상황이 여의치 않으면 도려낼 수밖에 없다.

작가는 대본을 미리 다 써놓고도 촬영 진행 상황에 따라 수시로 대본 수정에 응해야 한다. 촬영중에는 촉각을 곤두세우고 있어야 한다. 현장 상황상 여의찮으면 즉시 신을 바꾸고 대사를 바꾸고, 그래도 안 되면 잘라내고 다음 신과 연결할 대안을 내야 한다. 〈악마판사〉의 경우 시범재판 법정에 처음에는 방청객이 차 있다가 후반부에는 방청객이 없어진다. 의외로 보조출연자 동원 비용도 적지 않기 때문이다. 후반에 예산이 빠듯한 상태가 되면 제작비를 절감할 수 있는 방법은 뭐든 눈에 불을 켜고 찾는다. 나의 경우 법정 방청객을 열 명 이하로 줄일 수 없겠느냐는 제작사의 요청을 받고 고민하다가, 그럴 바에야 차라리 테러 위협을 받아 비공개 법정이 된 것으로 설정을 바꾸기로 마음먹고 대본을 수정했다. 법정 신이 휑할까봐 가슴이 내려앉지만 어쩔 수 없는 일. 이런 일 정도는 일 축에도 못 낀다.

드라마 제작과정은 대다수 시청자가 생각하는 것처럼 즐겁고 흥분되는 일들의 연속이 아니다. 처음에 캐스팅이 되고 감독과 스태프가 결정되고 방송 편성이 되어 첫 촬영을 앞두고 전체 리딩을 할 때, 그 짧은 한두 달 정도가 으샤으샤 일을 시작하는 기분좋은 흥분을 공유하는 시기고, 기나긴 촬영 기간부터 후반 작업을 거쳐 방송이 끝나기까지는 단 한 순간도 맘이 편하기 힘들다. 촬영과정에서 발생하는 온갖 사건사고에 대처해야 하고, 큰돈이 들어가고 수백 명이 관여하는 이 프로젝트가 폭망하거나 욕을 먹을 두려움에 밤잠을 설친다. 현장의 고생은 충분히 이해하면서도 정작 내가 심혈을 기울여 쓴 신이 예산 부족을 포함한 오만 가지 이유로 유치하게, 썰렁하게, 또는 의도와 다르게 연출되었을 때 느끼는 실망감은 극복하기 쉽지 않다.

게다가 이 모든 과정에서 작가는 외롭다. 고립되어 있기 때문이다. 작가는 골방에서 설계도만 그리는 사람이고, 많은 사람이 실제로 부딪치며 일하는 제작 현장은 감독의 영역이다. 작가는 그저 현장에 잠시 들러 격려할 수 있을 뿐인 손님 같은 느낌이다. 현장은 이미 내 손을 떠난 영역이기 때문이다. 주책없이 현장에 오래 붙어 있으면 눈치보인다. 내 대본을 충실하게 찍고 있나 감시하는 듯 보이기 때문이다. 그들도 대본이 개떡같아서 찍기 힘들어 죽겠다고 불평이라도 할 자유가 있어야 힘든 현장을 견디지 않겠나.

이 모든 어려움을 견뎌내고 방송이 시작되면 이번에는 시청자들의 반응 때문에 노심초사한다. 요즈음은 유튜브, 웹소설, 숏폼 콘텐츠에 익숙해진 시청자들이 많다보니 우려되는 현상들도 나타나고 있다. 인물의 입체성과 갈등 묘사를 기피하고 단순명쾌한 선악구도의 이른바 '사이다'를 찾는 현상이다. '악인에게 서사를 부여하면 안 된다'면서 악역은 어떤 도덕적 딜레마도 던지지 않는 순수악 자체로 묘사해야 한다는 이들도 있다. 하지만 실제 인간은 선인도 악인도 결코 그렇게 단순하지 않다. 그 경계 자체가 모호할 때가 많다. 악에 대항하려면 악을 낳는 구조를 냉철하게 직시해야 하기에 악인의 서사는 극에서 탐구해야 할 아주 중요한 주제다. 악인도 성장 과정에서 고통을 겪었다는 팩트 자체를 보여준다고 하여 '이렇게 하면 시청자 중 일부는 악인을 동정하게 되니까 유해하다!'는 식의 단언은 다른 시청자들을 무시하는 오만이다. 악인의 서사를 철저히 해부하되 결과적으로 값싼 동정을 보내거나 악행을 합리화하지만 않으면 되는 것이다.

좋은 의도에서 비롯했으나 언제부터인가 오용되고 남용되고 있는 말들이 있다. '악인에게 서사를 부여하면 안 된다'는 말 외에, '기울어진 운동장에 중립은 없다'는 말도 마찬가지다. 그

말의 정확한 의미는 구조적으로 힘의 차이가 명백한 차별적인 상황에서는 기계적인 중립만으로 옳고 그름을 판단하기 어려우니, 약자의 입장을 좀더 귀기울여 듣고 필요하다면 힘을 더 실어주어야 한다는 뜻이다(바로 그런 이치에 따라 피해자 개인이 상대방의 잘못을 구체적으로 입증하기 어려운 제조물 책임 소송, 의료 소송 등에서 정보를 독점한 제조자나 병원측에 입증 책임을 전환하는 법리가 발달한 것이다).

그렇다고 강자는 무조건 악이고 약자는 선이라는 의미가 아니다. 옳고 그름의 판단을 강자와 약자의 구분으로 대체하자는 것도 아니다. 옳은 것은 옳은 것이고 그른 것은 그른 것이다. 약자가 행했어도 그른 것은 그른 것이다. 강자 약자가 존재하는 구조 자체가 그른 것이라고? 그 또한 너무 단순한 논리다. 강약은 상대적 개념이기에 어디서든 존재할 수밖에 없다. 우리가 주목해야 할 것은 그 강약이라는 결과가 불공정한 규칙하에서 발생했는지(과정에서의 평등), 그리고 그 강약이 구조화·고착화되어 공공복리를 해칠 정도에 이르러 이를 보완하기 위한 적극적 조치가 필요한지(예외적이고 보정적인 수준의 결과적 평등)이다. 그리고 그 판단은 신중해야 한다.

핵심은 약자의 입장을 더 귀기울여 듣고 이해하고자 하는 '과정'과 '태도'에 있는 것이지, 무조건 약자 편에만 서면 정당하다는 뜻이 아닌 것이다. 그런 신중함 없이 무조건 세상을 흑백구도로 나누어 '약자에게 잘못이 있어도 나는 일단 흐린 눈 하고 약자의 편에 서겠다! 강자는 자기가 알아서 하겠지' 하는 태도는 기계적 중립보다 더 유해한 '기계적 정의 코스프레'에 불과하다. 그로써 얻는 것은 스스로 선하고 정의로운 인간이라는 자기충족감뿐이고 실제 세상은 더 나빠질 따름이다. 그런 가짜 정의가 오히려 정의에 대한 피로감을 낳고 냉소와 반동을 추동한다.

좋은 이야기는 게으르고 성급하게 선악을 나누거나 인간을 편협하게 재단하지 않는다. 찬찬히 있는 그대로 빛과 그림자를 다 다루며 불편하지만 입체적인 진실을 탐구한다. 당파성의 덫에 빠지지 말아야 보편성을 획득한다. 그래야 사회를 조금이나마 변화시킬 수 있다. 반대자를 설득할 수 있어야 세상은 조금이나마 바뀐다.

안타깝지만 지금의 콘텐츠시장은 이런 태도로는 생존하기 쉽지 않다. 매사에 성급하고 극단적이다. 드라마 〈나의 아저씨〉가 방영되기도 전에 제목과 캐스팅만 보고 중년 남성의 롤리타 콤플렉스를 팔아먹는 유해한 드라마라는 집단공격이 벌어져, 감독이 그렇지 않으니 보고서 판단해달라며 눈물로 인터뷰하는 사태가 벌어졌다. 작품을 제대로 보기도 전에 단순한 프레임을 씌워서 집단 공격하는 것은 폭력이다.

'유해'한 콘텐츠가 세상에 나오는 것 자체를 미리 막아야 한다는 태도는 사탄 들린 록음악이 아이들을 망친다며 보이콧을 벌이던 세기말 광신도들의 형태와 닮았다. 자신들은 옳고 그름을 판단할 만큼 현명하고, 세상 사람들은 '유해'한 콘텐츠에 노출되면 거기에 물들 것이니 눈에 띄지도 않게 해야 한다는 것은, 근거 없는 오만이다. 사람들은 대체로 내 판단보다는 현명하니 후견적 태도로 과잉보호하려 들 일은 아니다.

'재미있는 이야기'를 쓰는 것 자체가 엄청나게 어려운 일인데 여론 모두를 옥석 구분 없이 일일이 신경쓰다보면 아무것도 쓸 수 없는 상태가 되기 쉽다. 어차피 모두를 만족시킬 수 있는 이야기란 없다. '대중'이란 사실 실체가 없는 무수히 다양한 개개인의 집합체일 뿐이다. 그리고 다수는 대체로 말이 없다. 특정한 의도를 가지고 적극적이고 반복적으로 목소리를 내는 소수가 과대 대표되어 착시현상이 생길 때가 많다. 작가 역시 어리석은 한 명의 인간인 건 마찬가지기에 결코 오만과 독선에 빠져서는 안 되고 세상을 향해 안테나를 바짝 세우고 들어야 하는 것은 맞다. 그런데 지금 세상에는 너무나 신호가 많아서 신호와 소음을 구분하기가 쉽지 않다. 이것이 창작자를 더 힘들게 만든다. 어떻게 보면 대중문화 콘텐츠 창작자가 겪는 고민은 대중 정치인이 겪는 그것과 다르지 않다. 문화 역시 일종의 정치인 것이다.

모든 직업이 마찬가지겠지만 드라마작가 역시 나름의 여러 가지 어려움 속에서 일할 수밖에 없다. 그래도 버틸 수 있게 해주는 것은 그 일이 주는 기쁨이 있기 때문이다. 괴로움을 이야기 했으니 이번에는 기쁨을 이어서 이야기해보기로 한다.

## 나는 그 이름을
## 　　　기억한다

　　드라마 작업을 하면서 힘든 순간들은 대부분 사람들 때문에 생긴다. 제작과정에서의 갈등, 시청자들의 예상치 못한 반응. 그런데 드라마 작업을 하면서 가장 기쁜 순간들 역시 사람들 때문에 마주한다. 인간이란 참 묘한 존재다. 타인들 때문에 힘들어하면서도 또 타인들 때문에 행복해진다.

　　드라마 제작과정의 어려움은 대부분 많은 사람과의 협업이라는 작업의 특성상 발생한다. 서로 다른 취향과 가치관을 가진 사람들이 하나의 좋은 이야기를 만든다는 것은 좋은 정치를 하는 것만큼이나 어려운 일이다. 나에게 좋은 이야기가 누구에게는 불편한 이야기일 수 있고, 나에게 감동적인 대사가 누구에게는 싸구려 신파일 수 있다. 이 차이를 조율하는 과정에서 서로의 감정을 다치게 할 수도 있고 도저히 넘을 수 없는 벽을 느낄 수도 있다. 어떨 때는 나의 영역을 침범당하는 느낌에 분노가 치밀어오르기도 한다. 작가뿐 아니라 감독도 배우도 촬영감독도 조명감독도 미술감독도 편집기사도 음악감독도 모두 각자의 고유 영역이 있는 예술가들이기 때문이다.

반면 많은 사람이 협업하기 때문에 만날 수 있는 기적 같은 순간들이 있다. 첫 작품 〈미스 함무라비〉의 촬영이 끝나고 가편집본 첫 시사를 할 때였다. 주인공 '박차오름'의 첫 등장 신. 민폐를 끼치는 지하철 쩍벌남 옆에 앉아서 더 힘차게 '쩍벌'을 시전함으로써 쩍벌남을 응징하는 장면이다. 가벼운 신이다. 쩍벌남 캐릭터는 이름도 대사도 없는 단역이다. 그런데 놀랍게도 해당 역을 맡은 단역배우는 자기 신이 끝난 후 박차오름이 다른 민폐 캐릭터(지하철에서 큰 소리로 통화하는 아주머니)를 응징하는 신 내내 옆에 앉은 승객으로서 연기를 계속하고 있었다. 소리는 내지 않지만 혼잣말하는 입 모양과 표정으로 민폐 아주머니를 짜증스러워하고 박차오름의 응징에 통쾌해하는 것을 알 수 있었다. 대본에는 없는데 스스로 옆자리 승객으로서 역할을 준비해온 것이다. 자기가 카메라에 잡힐지, 방송에 나갈지도 확실치 않은 상황에서. 나는 그 단역배우의 열정이 무척 감동적이었다.

주인공들의 옆방 판사실, 류덕환 배우가 맡은 '정보왕' 판사와 함께 근무하는 좌배석 판사 캐릭터가 있다. 〈미스 함무라비〉

를 본 사람들조차 잘 기억하지 못할 것 같다. 그 캐릭터의 이름은 '김동훈'이다. 16부 전체를 통틀어 대사가 몇 마디 되지 않는다. 외모도 현실 속 판사같이 평범하다. 류덕환 배우가 화려한 스트라이커처럼 속사포 대사를 날리고 있으면 옆에서 입을 벌리고 멍하니 쳐다보는 리액션이 대부분이다.

그런데 최종회에 처음으로 제대로 된 대사가 그에게 주어진다. 법원 수뇌부의 지시로 억울하게 징계를 받은 박차오름 판사를 구명하기 위해, 정보왕 판사가 젊은 판사들에게 연판장을 돌리며 서명을 받는 장면이다. 이를 본 '배곤대' 부장판사(이름처럼 강력한 꼰대 빌런이다)가 경거망동하지 말라고 정보왕에게 무섭게 호통을 친다. 그 순간, 평소 무서워서 감히 부장과 눈도 잘 마주치지 못하던 소심하고 평범한 김동훈 판사가 쭈뼛거리며 옆에서 한마디한다. "저, 저도 정보왕 판사와 같은 생각입니다." 부장이 황당해서 혀를 차며 무시하듯 "야, 김동훈이, 너까지 왜 그래?" 내뱉자, 김동훈은 16부 중 처음으로 부장을 정면으로 응시하며 말한다. "반말하지 마십쇼!" 부장이 움찔하자 용기를 쥐어짜 덧붙인다. "저, 저도 판삽니다. 잘못한 것도 없는 박차오름 판사님한테 이러시는 거…… 잘못된 일입니다!"

나는 이 신 촬영본을 보던 순간의 감동을 잊을 수가 없다. 한세상, 박차오름, 임바른 세 명의 주인공 판사들은 물론 수석부장판사, 배곤대 부장판사 등 많은 판사가 등장하는 큰 신이다.

주인공들이 열연하고 있다. 그런데 내가 보기에 이 신의 진짜 주인공은 16부 내내 제대로 된 대사 한마디 없었던, 소심하고 평범한 김동훈 판사였다. 핍박받는 동료들을 위해 죽을힘을 다해 용기를 쥐어짜 목소리를 내는 저 한순간, 그는 빛났다. 물론 작가인 나도 그런 효과를 기대하고 이 신을 쓴 것이었지만, 상상 이상으로 진정성 있게 구현된 결과물을 보니 전율이 느껴졌다. 해당 역을 맡은 배우가 16부 내내 눈에 띄지 않는, 마치 주인공들의 배경 같은 작은 역을 뒤에서 묵묵히 성실하게 수행해주었기에 이 한순간이 더 의외의 감동을 줄 수 있었던 것이다. 베테랑 중의 베테랑인 한세상 부장판사 역의 성동일 배우 역시 종영 후 뒤풀이 자리에서 이 신을 콕 집어 이야기하더라. 다른 놈도 아니고 김동훈이가 "저도 판삽니다!" 하면서 나서는데, 자기도 모르게 눈물이 핑 돌더라고. 김동훈 판사 역을 맡은 배우의 이름은, 남태부다. 나는 그 이름을 기억한다.

드라마 작업이란 현실에서 쉬이 이루어지지 않는 꿈을 그려내는 일인지도 모른다. 그런 일이 실제로 이루어지기도 한다. 역시 〈미스 함무라비〉 촬영 때의 일이다. 직장 내 성희롱 사건 재판 신이었다. 상사에게 성희롱을 당한 인턴사원이 피해자로서 증언하는 신이다. 해당 회차의 전반부였고, 대사도 많지 않은 단역이었다. 두려워하고, 망설이고, 억울함에 눈물짓는 지문이 대부분이었다. 이름도 모르는 신인배우가 증인석에 앉아 연기를 하는데, 어찌나 슬프게 눈물을 흘리는지 눈을 뗄 수가 없는 거다. 떨리는 목소리, 빨개지는 눈망울. 한순간에 피해자의 고통에 이입할 수 있게 만들어주는 연기였다. 그 신 촬영이 끝난 후 감독에게 배우의 이름을 물었던 기억이 난다. 너무나 인상적인 연기 때문이었다.

 나는 그 배우를 3년 만에 다시 화면에서 마주쳤다. 456억 원이라는 돈 때문에 남을 죽이고 살아남으려 발버둥치는 지옥 같은 서바이벌게임 속에서, 만난 지 얼마 되지도 않은 친구(정호연 배우가 연기한 '새벽')를 위해 희생하고 스스로 죽음을 선택하는 '지영'이라는 캐릭터였다. 그렇다. 그 배우의 이름은 이유미다. 이유미 배우는 〈오징어게임〉으로 에미상을 수상했고, 〈힘쎈여자 강남순〉으로 인기 드라마 주연배우로 우뚝 섰다. 빼어난 재능은, 그리고 작은 역할에도 최선을 다하는 열정은 주머니 속 송곳처럼 현실의 장벽을 뚫고 나온다. 그리고 그 순간을 목격하는 감동은 드라마작가가 누릴 수 있는 큰 기쁨이다. 이름도 모르는 많은 사람과 협업하는 현장이기에 힘들기도 하지만, 바로 그렇기에 예상하지 못했던 빛나는 순간을 마주치기도 하는 것이다. 사람은 역시 사람 때문에 힘들지만 또 사람 때문에 행복하다.

 뭐니 뭐니 해도 역시 가장 큰 기쁨은 내가 쓴 이야기를 좋아해주는 사람들로부터 온다. 시청률이나 화제성 지수같이 숫자로 환산된 결과보다 단 한 줄이라도 직접 보고 남긴 감상을 읽는 것이 더 와닿는다. 아직 부족한 점이 많은데도 과분할 정도로 내 작품을 사랑해주는 시청자들이 많았다. 〈미스 함무라비〉 때도, 〈악마판사〉 때도 장면 하나하나에 숨은 작은 은유와 상징까지 모두 찾아서 정성스러운 장문의 분석글을 올리는 이들이 있었다. 어떻게 이렇게 눈에 잘 띄지 않는 부분까지 포착했는지 놀랄 때가 많다. 생면부지의 타인이 내 마음을 알아주는 기분이다. 그 옛날, 송지나 작가가 〈카이스트〉 팬이던 나에게 답장을 보냈을 때 이런 마음 아니었을까. 이제야 그 마음을 알겠다.

    글이란 독자가 많든 적든 누군가의 마음에 가닿는다. 첫 책 『판사유감』의 프롤로그에 나는 빈병에 편지를 적어 바닷물에 띄워 보내는 마음으로 책을 썼다고 적었다. 불면의 밤을 지새우며 의자에 엉덩이를 붙이고 써내려간 편지들이 이름 모를 누군가에게 가닿는다. 이 외로운 별에 사는 이들이 할 수 있는 일치고는 꽤 괜찮은 일 아닐까.

# 판사의 일과
## 작가의 일

　판사의 일과 작가의 일은 많이 다르다. 판사의 일은 판단하는 일이다. 판단하려면 기준이 있어야 한다. 그것이 법이고 판례다. 판사는 복잡다단한 사건들을 법이라는 기준에 맞추어 판단한다. 쉽지 않은 일이다. 세상일은 결코 단순하지 않고 법은 추상적이기 때문이다. 그래도 어떻게든 기준에 맞추어 결론을 내야 한다. 판사는 결코 판단을 유보할 수 없다. 자기 맘대로 새로운 기준을 제시해서도 안 된다.

　반면 작가의 일은 질문을 던지는 일이다. 함부로 먼저 나서서 판단하는 것은 금물이다. 보는 이들이 스스로 각자의 답을 찾도록 좋은 질문을 던지는 것이 작가가 할 일이다. 작가의 일에는 기준도 없다. 어떤 글이 좋은 글인지, 무엇이 재미있는지를 어떻게 획일적으로 규정하겠는가. 오히려 사회가 당연하게 여기는 기준들에 대해 질문을 던지는 것이 작가가 할 일이다.

　판사의 일은 특수성 속에서 보편성을 찾아내는 일이다. 법은 다수결로 정해진 규칙이다. 법은 본질적으로 다수의 가치관, 다수의 이익을 기준으로 정립된다. 모든 이의 특수한 사정을 전부 반영하기란 불가능하다. 법은 항상 그 시대 그 사회의 주류에 속하는 가치관을 기준으로 삼는다. 법에는 항상 '사회상규' '선량한 풍속' '기타 사회질서' '사회통념' '평균인의 관점'이 등장한다.

　반면 작가의 일은 보편성 속에 묻히기 쉬운 개별성을 찾아가는 작업이다. 외면당하기 쉬운 소수의 목소리를 조명하고, 다수의 기준으로 간단히 분류될 수 없는 입체적인 인간성을 탐구하고자 한다. 과연 다수가 옳다고 말하는 것이 꼭 옳은 것일까 의문을 제기하고, 그 통념 때문에 희생당하는 소수는 없는가를 살피는 것이 작가의 일이다.

　이런 차이를 실감한 경험이 있다. 내가 아직 판사로 일하던 때의 일이다. 김훈 작가가 서울고등법원에 와서 강연을 했다. 100명 가까운 많은 판사를 앞에 두고 김훈 작가는 전혀 예상치 못한 이야기를 시작했다. 숭례문 방화범의 이야기였다. 국보1호를 방화해서 전소시킨 사건이다. 온 국민이 분노했던 이 사건을 접하며 작가는 그가 왜 이런 짓을 저질렀을까를 궁금해했다. 그러고는 개인적으로 범인이 어떤 사람인지, 왜 범행을 저질렀는지를 추적한 것이다. 범인은 범행 당시 68세의 노인이었다. 자기 소유 땅이 택지개발사업으로 수용되자 이에 반발하여 소송까지 했는데 끝내 패소했다. 결국 땅이 강제수용되었고 이에 대한 불만으로 범행을 저질렀다는 것이다. 작가는 강연을 듣는 판사들에게 질문을 던졌다. 택지개발사업은 물론 다수를 위하여 필요한 일이다. 그런데 그 사업에 반대하면서 만약 그 땅에 그대로 살고 싶어한다면, 그런 개인의 의사는 왜 관철될 수 없는 걸까. 왜 개별성은 공공복리 앞에서 반드시 희생되어야 하는 걸까. 본인은 그런 생각을 해보게 되었다는 것이다.

생각지 못한 의외의 질문에 놀랐던 기억이 생생하다. 판사의 기준으로는 너무나 당연한 결론에 의문을 제기하는 질문이었기 때문이다. 공공복리를 위한 강제수용은 헌법에 근거한 것이다. 강제수용이라지만 감정평가를 거쳐 손실보상도 지급한다. 물론 보상액에 만족하지 못하는 경우도 많지만 개개인의 자기 토지에 대한 감정적 애착이나 특별한 사정까지 다 반영하면 공공사업이 불가능해진다. 재판까지 거쳐서 패소가 확정되었으면 결과에 승복하는 것이 시민의 의무다. 여기에 불만을 품고 문화재에 방화를 한 것은 용서받기 힘든 범죄다.

그런데 김훈 작가는 이 자명해 보이는 결론에 의문을 제기한 것이다. 방화범의 범죄를 정당화하거나 그의 처지를 동정하는 취지는 아니었다. 그보다 더 근본적인 차원에서 개별성은 다수의 이익 앞에서 반드시 희생되어야 하는가, 그것이 언제나 옳은가에 대해 질문을 던진 것이다. 말하자면 헌법에 대해, 인간사회의 기본원리에 대해 의문을 제기한 셈이다. 그 법을 당연한 기준으로 받아들여 옳고 그름을 판단하는 판사들 앞에서 말이다. 이런 사람들이 작가구나, 싶었다.

판사의 일과 작가의 일 사이에는 다른 점만큼이나 뚜렷한 공통점도 있다. 무엇보다 다루는 대상이 사람이라는 점이다. 판사로서 평생 법정에서 수많은 사람의 삶을 들여다보며 살았다. 작가로서 하는 일도 다르지 않다. 판사든 작가든, 타인의 삶을 깊이 들여다보아야 할 수 있는 일이다. 인간의 삶이라는 같은 재료를 가지고 옳고 그름을 판단할 것이냐, 의미 있는 질문을 던질 것이냐의 차이가 있을 뿐이다.

의외의 지점에서 판사일 때의 경험이 도움되기도 한다. 예를 들자면 계약서를 작성할 때다. 드라마업계의 계약서를 접하고 놀란 적이 많다. 전직 법조인의 눈에는 너무나 모호하고 불확실한 조항이 많았고, 일방적으로 '갑'에게만 유리한 독소조항도 있었다. 이런 계약조건을 통보받고 내용도 정확하게 이해하지 못한 채 사인하는 경우가 많았을 것이다. 제작사 입장에서도 꼭 악의가 있어서가 아니라 예전의 계약서를 관행적으로 계속 사용하다보니 개선하지 못한 경우도 있다.

나는 계약할 때마다 모든 조항을 꼼꼼하게 검토해서 어떤 점이 문제이니 어떻게 고쳐야 한다는 점을 명시하고, 심지어 어떤 조항은 재판으로 갈 경우 이러이러한 이유로 어차피 법적으로 무효라는 설명까지 달아둔다. 글로벌 플랫폼과 계약할 때도 마찬가지로 이런 조항은 한국법상 문제가 될 수 있다는 주석을 달아 돌려보냄으로써 그쪽 법무팀을 고생시키곤 한다. 재방료, 해외 판매 저작권료에 대해서도 내가 직접 방송사와 계약서를 작성한 후 해마다 담당자에게 올해 매출 내역 및 지급 일정을 알려달라고 요청한다. 서로 다소 번거로운 점은 있지만 이로써 업계의 계약 관행이 조금이라도 더 합리적으로 개선되기를 바라며 말이다. 이럴 때마다 아직 '판사 물'이 덜 빠졌구나 싶어서 쓴웃음이 나기도 하지만, 이 또한 조금은 특이한 이력을 가진 나라는 작가가 해야 할 일이 아닐까 싶다.

물론 두 가지 일의 차이 때문에 힘들 때도 있다. 특히 드라마를 쓸 때는 더욱 그렇다. 드라마는 대중을 위한 엔터테인먼트다. 다른 무엇보다 재미있어야 한다. 그리고 재미의 핵심은 감정에 있다. 주인공의 감정선을 따라가며 울고 웃는 것이 드라마의 핵심이다. 그런데 나는 자꾸만 감정보다는 이성, 재미보다는 옳고 그름을 우선시하게 된다. 평생 판사로 살아오면서 형성된 사고의 틀을 바꾸려니 정말 어렵다. 감독이나 프로듀서들에게 계속 지적받는 것도 이런 부분이다. 시청자들은 캐릭터들 사이의 관계, 그리고 감정이 궁금한데 나는 자꾸만 그 회차에서 말하려는 주제에 관한 다양한 입장을 객관적으로 그리려고 한다는 것이다. 사람들은 드라마를 보고 싶은 거지 〈100분 토론〉을 보고 싶은 게 아니에요, 라는 말을 번번이 들었다.

판사였던 과거를 최대한 잊고 작가로 거듭나고자 노력도 해보았다. 판사처럼 사고하는 버릇을 버리려고도 했다. 앞에서 이야기한 것처럼 일부러 법정물 아닌 다른 장르를 다른 방식으로 써보려고 하기도 했다. 하지만 불가능한 일이었다. 사람의 삶이라는 것이 어떻게 무 자르듯 나뉠 수 있겠는가. 아무리 노력해봐도 자꾸만 판사로서의 내가 작가로서의 나를 밀쳐내고 앞으로 나서는 순간들이 생겨났다. 상업 드라마에 마땅한 '사이다'에 해당하는 내용을 써야 할 때도 자꾸만 이게 재미있나라는 질문보다 이게 옳은가라는 질문을 하게 된다. 새로운 작품을 기획할 때도 메시지, 주제의식을 먼저 생각한다. 재미를 우선시하지 않는다기보다, 내가 재미를 느끼는 포인트가 다른 것이겠지.

이제는 그냥 받아들이기로 했다. 23년이라는 세월 동안 형성된 사고의 틀을 억지로 지울 수가 있을까. 시간이 해결해주지 않을까 싶다. 작가로서 치열하게 고민하며 일하는 시간이 축적될수록 판사로서 내가 하는 생각을 드라마적인 문법으로 자연스럽게 녹여내는 내공이 쌓여가겠지. 법정물을 주로 쓰는 것도 꼭

작가로서 한계라고만 생각하지 않기로 했다. 법정물이라는 카테고리 안에도 무궁무진한 변주가 있을 수 있다. 스릴러와 결합할 수도 있고, 사극과 결합할 수도 있고, SF와 결합할 수도 있다. 그 안에서 다양한 인물의 여러 감정을 다룰 수도 있다. 작가로서 역량 문제일 뿐이다. 꼭 법정물이 아니어도 정치, 언론, 전문직업인의 세계 등을 다루는 이야기로 확장해갈 수도 있다. 모두 첫번째 삶에서의 경험이 도움될 수 있는 영역들이다.

그동안 했던 작업들도 결국 첫번째 삶에서 겪은 경험과 고민의 반영이었다. 〈미스 함무라비〉는 권력관계에 기반한 직장 내 폭언, 성희롱 문제를 비중 있게 다루고 있는데, 이는 평소 법원 내부의 권위적인 조직문화를 고민해온 경험의 결과물이다. 나는 법원행정처 근무 당시 '조직문화개선연구반'을 만들어서 조직 내 약자에 해당하는 저연차 판사들 및 여성 법관들을 대상으로 집중 인터뷰를 진행했는데, 그 과정에서 내가 알고 있는 것 이상으로 문제가 심각함을 깨닫고 충격을 받았다. 사건을 많이 처리해야 하니 본인과 함께 일하는 동안은 임신, 출산을 하지 말라는 부장판사, 업무능력이 떨어진다면서 초임판사에게 폭언을 일삼는 부장판사, 전체 회식 자리에서 굳이 젊은 여성 법관을 법원장 옆에 앉히는 사례, 술에 만취한 부장판사가 여성 배석판사에게 부적절한 신체 접촉을 시도한 사례…… 외부 전문가와 함께 이런 문제들의 구조적 원인을 분석하고 대안을 모색하는 연구보고서를 작성하여 수뇌부에 보고했지만, 외부에 유출되면 법원 신뢰도가 떨어진다며 보안 유지에만 신경쓰는 분위기였다. 나는 이후 여성 법관들이 주축인 '젠더법연구회'에 가입하여 조직 내 성차별, 성폭력 사례 수집활동 및 피해 구제 절차 정립활동에 참여하기도 했는데, 그 과정에서 만난 많은 용기 있는 젊은 여성 법관들이 합쳐져 상처 입은 치유자, '박차오름'이라는 캐릭터가 탄생했다.

〈악마판사〉는 판사들의 재판과 국민 법감정의 괴리 사이에서 했던 고민의 결과물이다. 온 국민이 공분하는 사건들에 대해 피해자와 합의했다는 이유로, 술에 만취했다는 이유로 솜방망이 처벌이 반복될 때마다 나 역시 분노했고, 답답했다. 형사재판장을 맡게 되자 그런 잘못된 관행을 바꿔보려고 내 딴에는 상세한 양형 이유를 써가며 종전 관행과 달리 중형을 선고하곤 했다. 하지만 상급심에서 다른 재판부들과 형평을 이유로 간단히 파기되기 일쑤였다. 그런 식이면 잘못된 관행은 도대체 어떻게 바꿀 수 있단 말인가. 그 분노와 답답함이 악을 악으로 심판하는 '강요한(지성 분)'이라는 캐릭터가 되었다. 하지만 그렇다고 하여 극단적인 엄벌주의가 대중의 환호를 받고 법치주의 절차가 무시되는 세상이 된다면 이는 또다른 심각한 부작용을 낳는다. 이에 대한 경계심이 배석판사 '김가온(박진영 분)'이라는 인물이 된 것이다. 크리에이터로 참여했던 〈비질란테〉 역시 같은 문제의식을 담고 있다. 범죄 피해자인 주인공이 솜방망이 처벌만 받고 풀려난 악마 같은 범죄자들을 직접 처단한다는 이야기인데, 이는 사적 보복에 대한 찬양이 아니다. 사법 시스템이 제 할일을 못하면 피해자들이 고통받으니 정신 차리고 잘 좀 하라는 질타다.

지금 쓰고 있는 〈프로보노〉는 장애인 인권, 성폭력, 동물권, 이주민 인권 등 공익소송을 전담하는 공익변호사들의 이야기다. 이 역시 이런 사건들을 재판하면서 대립하는 양쪽 입장을 고민했던 경험이 바탕을 이룬다. 법정을 무대로 이상주의와 현실주의가 끊임없이 부딪치면서 힘겹게 사회적 합의를 이루어나가는 과정을 그리고 있다.

판사의 일이 작가의 일에 자양분을 공급하고, 작가의 일이 그 자양분을 토대로 좋은 이야기라는 열매를 키워내는 것, 이것이 앞으로 나의 할일인 것 같다.

내가 쓰고 싶은
것들

　작가로 새로운 삶을 살다보니 부딪히는 어려움도 새롭다. 세상이 빠르게 바뀌고 있기 때문이다.
　나는 작가란 글만 쓰면 되는 사람이라고 생각했다. 그런데 언제부터인가 글이 아니라 작가 자신을 대중에게 팔아야 하는 시대가 되어버린 것 같다. 나는 어쩔 수 없는 옛날 사람이다. 어릴 때부터 오로지 글이 좋아서 글을 찾아 읽은 내게 작가는 오로지 이름 세 글자로만 저멀리 존재했다. 작가의 얼굴이 궁금하지도, 그 사람의 말재주가 궁금하지도 않았다. 오히려 글을 읽을 때 작가라는 사람이 먼저 떠오르면 몰입을 방해한다고 생각했다. 드라마나 영화도 마찬가지다. 배우라는 옷을 입은 캐릭터를 보고 싶지 무대 뒤에 있는 스태프들과 작가, 감독을 보고 싶진 않았다.

　작가가 되고 나서도 마찬가지다. 나의 글을 읽어주기를 바랄 뿐, 나라는 자연인에게 관심 가져주기를 바라지 않는다. 나는 그저 늙어가는 50대 후반의 아저씨일 뿐이다. 세상 앞에 나서는 것도 좋아하지 않는다. 그럴 만한 주제도 못 되거니와 타인들의 기대에 부응해야 한다는 강박을 느끼는 게 싫기 때문이다. 나는 원래 인간관계에는 거리 두기가 필요하다고 믿는 사람이다. 가까이 보아야 아름다운 것들도 있지만, 멀리서 보아야 아름다운 것들도 있다. 글은 특히 그렇다. 상상의 여지가 있어야 글이 풍성해진다.

　그런데 어느새 사람들은 관계의 직접성에 중독되어버린 것 같다. 클릭 한 번으로 타인의 삶을 24시간 들여다볼 수 있는 시대이기 때문이다. 이제 사람들은 먼저 상대에게 호감을 느껴야 그 사람이 하는 말을 들으려 한다. 낯익은 얼굴이어야 관심을 가진다. 그러다보니 너도나도 자신을 알리려고 필사적으로 애쓰는 '관심 경제'의 시대가 되어버렸다. 타인의 관심이 곧 재화이고, 이 한정된 자원을 놓고 치열하게 경쟁하는 사회인 것이다. 작가도 예외가 아닌 것 같다. 나갈 수 있는 매체라면 어디든 나가서 먼저 자신이 호감 가고 매력 있는 사람이라는 것을 어필해야 그 사람의 글을 소비해주는 시대라는데, 그러면 책이란 '사람'이라는 상품에 딸린 '굿즈'에 불과하게 되어버린 것일까. 쓸쓸한 일이다.

관심은 양날의 검이다. '관심 경제'의 시대에 대중은 관심을 줌으로써 자신이 상대에게 대가를 지불했다고 생각한다. 소비자의 권리를 주장하기 시작하는 것이다. 아이돌 산업의 논리다. 대중이 관심을 줘서 뜬 이상 대중의 비위를 거스르면 안 된다. 일거수일투족이 관찰 대상이 된다. 말 한마디, 사진 한 장에도 불편한 구석이 없는지 검열하는 인터넷 자경단들이 늘어난다. 이 가혹한 테스트를 끝까지 견뎌내는 사람은 거의 없다. 관심을 받아서 뜬 사람들의 대부분은 그 관심 때문에 몰락한다. 한 명 한 명씩 죽어나가는 〈배틀로얄〉이나 〈헝거게임〉을 보는 느낌이다. 사실 사람들이 좋아하는 것은 누군가를 화려하게 띄웠다가 비참하게 몰락시키는 일 아닐까. 그 과정에서 자기효능감을 느끼는지도.

이런 시대에 그렇지 않아도 팔기 어려운 '글'이라는 상품을 쓰는 사람들은 이중의 어려움에 처하게 된다. 먼저 자신의 글이 대중의 눈에 발견돼 작은 관심이라도 받기 위한 노력을 해야 하는 동시에, 혹시 자신의 글과 말에 조금이라도 공격받을 소지는 없는지 자기검열을 해야 한다. 출간된 지 수십 년 된 책 구석까지 뒤져 지금의 잣대로 조리돌림하는 일들이 벌어지는 세상에서 누구도 안전할 수는 없다. 하지만 안전한 길은 작가가 가장 경계해야 하는 길이다. 작가의 일은 다수가 옳다고 말하는 바가 꼭 옳은 것일까 의문을 제기하는 일이다. 작가는 불편한 지점을 안전하게 피해 가는 것이 아니라, 오히려 그 불편함의 본질을 탐구해야 한다. 세상 누구도 불편하게 하지 않는 글이란 곧 굳이 있을 필요가 없는 글 아닐까. 챗GPT가 그런 글은 얼마든지 무한 생성해주는 시대다.

더 무서운 일은 세상의 잣대가 변덕스럽게 바뀌는 것을 넘어, 잣대 자체가 사라져가는 현상이다. 과거에 옳다고 여겼던 가치에 대한 의문이 곳곳에서 제기되고 있다. 이민자들이 폭력적인 반이민정책을 펴는 트럼프를 지지한다. 자신은 한발 먼저 울타리 안에 들어오는 데 성공했기 때문이다. 한때 트랜스젠더의 성별 변경은 성소수자의 인권운동으로 지지받았지만 실제로 사회가 수용적으로 변화하자 스포츠 경기 출전, 화장실 사용 등의 문제, 어린 자녀의 성별 변경을 무조건적으로 지지하는 과도하게 진보적인 부모들을 향한 비판 등이 쌓이면서 이제는 지지의 목소리를 찾기가 점점 더 어려워지고 있다. 문화적 다양성 존중은 한때 누구도 이의를 제기하기 어려운 가치였지만 여성 인권을 탄압하는 사회가 자기 종교와 문화의 고유성을 침해하지 말라며 반격하자 답변하기 힘들어한다. 유럽이 지향했던 복지국가의 이상 또한 폐쇄적인 국경 안에서만 가능했다는 것이 밝혀지고 있다. 국경이 무의미해지고 이민자가 급증하자 요람에서 무덤까지 국민의 인간다운 생활을 국가가 보장한다는 것은 불가능한 일이 되었다. 차별이 극심한 미국의 현실에 대한 반성으로 시작된 할리우드의 '정치적 올바름' 지침은 냉소의 대상이 되어가고 있다. 한때 인터넷의 익명성은 정치권력에 저항하는 대중의 무기로 여겨졌지만 지금은 정보기관, 바이럴업체, 극단적인 정치세력들이 댓글부대를 동원하여 손쉽게 여론을 조작할 수 있는 도구가 되고 있다. 이제 곧 인터넷 커뮤니티와 소셜미디어 댓글란은 인공지능 챗봇끼리 여론전을 펼치는 전쟁터가 될지 모른다. 이미 그렇게 되어 있을 수도 있고.

이런 변화들 속에서 나는 자꾸만 뭔가를 잃어간다.

먼저 자기확신을 잃었다. 『판사유감』『개인주의자 선언』에서 『최소한의 선의』까지 그동안 썼던 글들은 내가 옳다고 생각하는 가치들에 대한 강한 확신에 터잡은 것들이었다. 그리고 그 가치들은 법을 공부하고 적용하는 삶을 살아오면서 기준으로 삼았던 헌법적 가치들이었다. 자유, 평등, 인권, 소수자 보호, 다양성 존중, 대화, 타협, 신중함, 역지사지, 중립성…… 이 모든 것이 법치주의 안에 녹아 있다. 인류가 오랜 역사를 통하여 발전시켜온 가치들이기 때문이다. 나는 기본적으로 시스템을 신뢰하는 사람이다. 인류는 오랜 역사를 통하여 지금의 사회 시스템을 만들었고, 그것이 곧 '문명'이라고 믿었다. 역사가 거꾸로 흐를 일은 없을 거라고 생각했다.

착각이었다. 시스템의 양날개를 이루고 있었던 보수와 진보가 차례로 무너져갔다. 보수가 먼저 부패와 무능으로 무너지더니 진보도 위선으로 파산해갔다. 젊은 날 존경했던 인물들이 비참하게 몰락해가는 모습들을 지켜보며 참담했다. 시스템이 무너지자 세상에는 냉소와 혐오, 진영논리, 음모론만이 남았다. 모두가 동의하는 최소한의 공통분모라는 것이 사라져간다. 앞에서 이야기했듯 태생이 법률가인 나는 미국 트럼프 지지자들이 대선 결과에 불복하며 의회의사당을 습격한 사건, 그리고 우리나라 대통령의 불법적인 비상계엄과 그 지지자들의 서부지법 폭동 사태를 보면서 커다란 충격을 받았다. 시스템의 붕괴, 거창하게는 그동안 이룩해온 문명의 붕괴를 목도한 것 같아서다.

게다가 인공지능의 폭발적인 발전은 우리가 겪어본 적 없는 새로운 시대를 아무 준비도 되지 않은 상태로 갑자기 열어젖히고 있다. 산업혁명 이상의 변화가 시작된 것이다. 인간의 노동력이 필요 없는 시대에 인간의 가치를 재정의해야 한다. 인간을 뛰어넘는 인공지능이 등장하고, 인간과 인공지능이 결합할 수도 있는 미래에는 아예 무엇이 인간인지라는 개념부터 모호해진다.

이제는 아무것도 자신 있게 주장하지 못하겠다. 내가 뭘 안다고 떠드나 싶을 뿐이다. 한때 무엇이 옳고 그른가에 대한 확신을 기반으로 글을 쓰는 글쟁이였던 나는 세상 모든 문제에 대해 말을 얹는 스피커들을 경이로운 눈길로 지켜볼 뿐이다. 저 사람들은 대체 어떻게 저렇게 확신에 차 있는 걸까. 내가 시대에 뒤떨어진 걸까.

자기확신에 이어 인정욕구도 잃었다. 예전에 썼던 글을 요즘 다시 읽어보면 스스로 징그러울 때가 있다. '자랑질'이 심하게 느껴져서다. 나란 인간은 심지어 자기 책에 대학입시 전국 수석한 이야기를 대놓고 쓰는 인간이다. 그것도 공부 하나도 안 하고 만화책 보고 놀면서 했다고 말이다. 겸손한 척한다고 비꼬는 게 싫어서 일부러 더 대놓고 자랑질을 하는 스타일이었다. 예전에 쓴 책들을 다시 읽어보면 곳곳에 센 척하는 허세도 있다. 정작 온실 속 화초 같은 판사생활을 떠나 거친 세상으로 나오니 바로 불안 속에 움츠러든 주제에 말이다.

앞서 말한 시대의 변화 때문이기도 하다. 끊임없이 누군가를 공격하는 대혐오의 시대, 자기검열을 강요받는 시대에 그렇지 않아도 나만의 공간을 침범받고 싶어하지 않는 개인주의 성향의 나 같은 사람은 자신을 지키려면 타인들의 인정보다 무관심이 낫다.

처음에는 자기확신과 오만, 인정욕구를 내려놓고 나면 더 좋은 글이 나올 줄 알았다. 더 좋은 사람이 될 수 있을 것 같았다. 그런데 사람이란 참 복잡하다. 예상하지 못한 내가 튀어나오기 시작했다. 옳고 그름에 대해 세상에 이야기하고 싶은 자기확신, 타인들에게 인정받고 싶은 욕구 모두 사회 속에서 역할을 하고 싶은 욕망이다. 이를 배제하고 나면? 원초적인 생존의 욕구만 남는다. 세상과 상관없이 고립된 개인으로서 나와 가족만 잘 먹고 잘살고 싶다, 세상 아무도 나를 모르는데 돈은 많았으면 좋겠다, 이런 욕망 말이다. 재테크 공부에 몰두하며 온갖 시행착오를 하고, 상업적인 드라마를 써보려고 이리저리 시도해보다가 실패했던 것이 모두 이런 욕망과 무관하지 않았다. 이런 마음 상태로는 글이 써질 리가 없었다. 억지로 쓴다 해도 좋은 글이 나올 리도 없고.

씁쓸했다. 자기확신, 허세, 가식, 야망 따위 껍데기를 다 내려놓고 나면 진솔하고 겸허한 알맹이가 있을 줄 알았더니 노골적이고 이기적인 욕망만 그 안에 있었다. 미래가 불확실한 프리랜서의 삶은 나를 작은 일에도 예민하고 신경질적으로 만들었다. 갈수록 최악의 내가 튀어나오고 있었다.

오랜 슬럼프 끝에 이제는 이 또한 받아들이기로 했다. 나는 그것밖에 안 되는 사람이다. 그런 주제에 공부 하나 잘해서 사회적 존중을 과분하게 받는 직업을 얻었고, 안정되고 예측 가능한 삶을 살았다. 판사라는 일의 성격상 자연스럽게 사회에 대해 고민할 수밖에 없기도 했다. 그런데 그 모든 것에 이어 젊음이 주는 자신감과 에너지마저 사라지고 나자 이제는 오롯이 나라는 사람만이 발가벗은 채 남았다. 이제부터는 절로 주어지는 것은 아무것도 없다. 의식적으로 공부하고, 고민하고, 부딪치고, 성장해야 한다. 나이 먹었다고 어른이 되는 건 아니었다. 죽을 때까지 고민하고 성장하지 않으면 오히려 퇴행할 뿐이었다.

글은 삶에서 나온다. 좋은 삶을 살지 않으면 좋은 글이 나오지 않는다. 땅에 든든히 발을 딛지 않은 채 머릿속에서만 꾸며내는 글은 생명력이 없다. 작가란 정말 아무나 할 수 있는 일이 아니었다. 공허와 고독, 사회적 고립감 속에서 오로지 스스로의 노력으로 치열하게 당대의 문제들을 화두로 공부하고, 고민하고, 끝까지 생각한 사람들만이 좋은 글을 쓴다. 내가 읽고 사랑했던 작가들에게 새삼 경외감을 느끼곤 한다.

자기확신에 찬 첫번째 삶에서의 경험과 고민들이 그동안 쓴 글의 씨앗이 되었듯이 어쩌면 '두번째 삶'에서 경험한 나의 불안, 회의, 어리석음, 나태, 방황 이 모든 것 역시 언젠가 좋은 글의 씨앗이 되지 않을까. 어차피 앞으로 우리가 살아가야 할 시대는 '불안'의 시대니까 말이다. 모든 것이 회색빛인 '불안'의 시대에 우리가 겪어야 할 고민들, 그럼에도 불구하고 우리가 지켜나가야 할 소중한 가치들. 이런 것들에 대해 쓰고 싶다. 더 공부하고, 고민하면서.

에필로그

# 삶은 계속된다

　가끔 23년간의 판사생활에 대한 소회를 묻는 질문을 받는데, 그때마다 난감하다. 나는 그다지 회고적인 인간이 아니다. 새로운 일을 시작하면 모든 관심이 그리로 옮겨가서 지나간 일들, 지나간 인연에 대해서는 한없이 소홀해지는 편이다. 다음에는 어떤 드라마를 쓸지 기획하는 일, 신인작가들 작품 론칭을 성공시키는 일, 인공지능의 발전을 스토리 개발에 접목하는 일 등이 요즘 내 최대의 관심사다.

　이 책을 쓰면서 비로소 내가 지금의 삶을 시작할 때 한 고민을 되짚어볼 수 있었다. 더 나아가 오랜만에 한동안 잊고 있었던 첫번째 삶을 깊이 돌아볼 수도 있었다. 아주 특별한 경험이었다. 글이란 참 묘해서 쓰다보면 머릿속 어딘가에 나도 모르게 저장

되어 있던 기억과 감정이 소환된다. 영화 〈인사이드 아웃〉에 나오는 기억의 구슬들처럼.

그 구슬들을 오랜만에 찬찬히 들여다본 후 제일 먼저 든 생각은 후회였다.

더 잘할걸……

더 잘했어야 했는데. 나는 왜 그것밖에 안 되는 사람이었을까. 씁쓸하고, 안타깝고, 후회스러웠다. 판사를 시작하던 시절의 젊은 나는 감히 법원을 바꿔놓고 싶었고, 우리 사회를 바꿔놓고 싶었다. 그리고 23년 동안 항상 뭔가 꼼지락꼼지락 돈키호테처럼 일을 벌이고, 문제를 제기하고, 소란스럽게 만들었다. 내 나름대로는 가장 실질적으로 변화를 추동할 수 있다고 생각하는 방식으로. 분노보다는 유머로. 혁명보다는 개량으로. 이념보다는 실사구시로. 거대담론보다는 생활 밀착형 공감으로. 출세를 위해 소신을 굽히는 창피한 일 따위 하지 않겠다, 용기 낼 때 한 번은 용기 내겠다는 의지 또한 충만했고, 그 의지를 굽힌 일은 없었다.

그런데 그것만으로는 턱없이 부족했다.

결국 뭔가를 실질적으로 바꾸는 이들은 자기 몸이 더러워지는 것도 아랑곳하지 않고 똥밭에 구르며 투쟁하는 이들이다. 뜻을 같이하는 이들과 연대하고, 때로는 '조직'의 힘을 빌려 싸울 수 있는 이들이다. '정치'를 두려워하지 않는 이들이다. 인간사회란 결국 한 세력과 다른 세력의 싸움을 통해서만 변화하기 때문이다.

나는 그렇지 못한 인간이다. 나는 지독한 개인주의자다. 오롯이 개인으로서 내 의지대로 살고 싶다. 나는 옳은 목적을 위해서도 누군가에게 이용당하고 싶지 않다. 나 개인이 아니라 어떤 단체, 조직, 성향으로 분류되는 것이 너무도 싫다. 나는 '개인'으로서만 움직였다. 어떤 대의를 위해서도 스스로 감당하겠다고 마음먹은 이상의 불확실성과 희생을 감수할 생각이 없다. 목적을 위해 수단을 정당화할 생각도 없다. 나는 결국 내가 제일 중요한 사람이지 타인, 사회, 공동체가 제일 중요한 사람이 아니다. 나는 파트타임으로만 정의롭다. 분명 나도 모르게 울컥하고 분노할 때가 있고, 나름대로 그 분노를 행동에 옮길 때가 있지만, 나의 정의감은 자족적이고 일시적이다. 끊임없이 새로운 관심사가 생기고 재밌게 놀아야 하기 때문에 머리 아픈 싸움만 비장하게 오래하고 싶지도 않다.

그 결과 나는 그럴듯한 문제의식을 가지고 문제제기까지는 그럴듯하게 해왔으면서도 실질적으로 법원에 유의미한 변화를 끌어내지는 못했다. 가만히 생각해보면 그나마 변화를 이끌어낸 일이라고는, 배석판사들이 부장판사와 매일 점심을 같이 먹어야만 하던 오랜 관행을 일부 무너뜨린 정도?

앞서 이야기한 것처럼 법원행정처 근무 당시 '조직문화개선연구반'을 만들어서 법관생활 전반에 만연한 경직된 조직문화의 개선방안을 수뇌부에 보고했지만 반응은 더뎠다. 일선으로 돌아가서는 내 힘으로 직접 바꿔보겠다고 법관 게시판에 몇 년 동안이나 법원문화에 대한 풍자적인 글들을 시리즈로 올리면서 공감대를 형성하려 애썼다. 신문에「전국의 부장님들께 감히 드리는 글」이라는 신년 칼럼을 썼던 것도 같은 문제의식에서 행한 일이었다. 우선 나부터 소속 법원에서 최소 매주 한 번은 무조건 부장판사들끼리만 식사하는 새로운 관행을 만들었고, 그걸 홍보했다. 이거 하나 바꾸는 데도 거의 10년이 걸렸다. 세상을 실질적으로 바꾸는 것은 참으로 어려운 일이다.

첫번째 삶에서 배운 것들이 있다. 나는 이제 사람들의 아름다운 말, 진보니 보수니 하는 레토릭 따위는 믿지 않는다. 진짜로 중요한 것은 '태도'다. 타인을 향한 태도 말이다. 그동안 참으로 표리부동한 사람들, '나이스'한 위선자들을 많이 봤고, 반대로 겉으로는 참 비호감이고 권위적인 꼰대 같았는데 정작 중요한 순간에는 진국임을 드러내는 사람들도 보았다. 세상이 실제로 어떻게 돌아가는지, 권력이 어떻게 작동하는지, 결정적일 때는 어느 진영이든 원칙보다는 상황 논리로 포장한 이해관계에 따라 움직인다는 것도 배웠다.

무엇보다도 나 자신을 배웠다. 나의 한계, 나의 욕망, 진짜

나에 대해서. 양승태 대법원은 인사 기록에서 나를 이렇게 평가했다. "지나치게 개인주의적이고 공명심이 강하다." 앞부분은 나도 기꺼이 동의했다. 맞지. 책까지 써서 선언씩이나 한 개인주의자인데 새삼스럽게. 그런데 뒷부분이 아팠다. 공명심이 강하다. 공명심이라. 공명심.

공명심이란 '공을 세워 자기의 이름을 널리 드러내려는 마음'이다. 처음 저 문구를 뉴스에서 봤을 때, 내 삶과 가치를 송두리째 부정당한 느낌이었다. 나름대로는 옳다고 생각해서 벌인 일들이 다 공명심 때문이었다고? 나는 출세 지향적 속물과 '관종'을 제일 싫어하는데, 내가 자부심을 느끼고 사랑했던 법원에서는 나를 그런 존재로 보고 있었던 것이다.

처음에는 분노하고 상처받았는데, 묘하게도 시간이 흐를수록 '공명심'이라는 말이 화두처럼 머릿속을 떠나지 않았다. 나는 참 많은 말을 뱉고 많은 글을 쓰며 살아왔다. 법원 내부에서도, 밖에서도. 책을 쓰고 신문 칼럼까지 쓰면서부터는 그야말로 전방위적으로 한국사회의 모든 문제점에 대해 한마디씩 일침을 가하곤 했다. 그러면서 자꾸만 스스로에게 묻게 되었다. 정말 너는 글을 쓸 때 그럴듯한 멋진 말, 옳은 말을 해서 사람들에게 칭찬받고 싶은 욕망이 없었니? 법원이 바뀌어야 한다며 이런저런 선진적인 사례들을 소개하며 떠들 때, 정말 너의 마음속에는 '나는 다르다'라며 자신을 높이는 마음, 앞서가는 사람으로 보이고 싶은 욕망이 없었니?

　그만큼 소심한 사람이어서 그랬는지, 언어의 프레임에 갇혔던 것인지 나는 이런 자문자답 속에 계속 위축되어갔다. 그래서 몇 년 동안이나 쓰던 신문 칼럼을 그만두었다. 이후에도 공적인 글, 시사적인 글은 전혀 쓰지 않고 있다. '내게 자격이 있나?'라는 질문에서 헤어나오기 어려웠기 때문이다.

　'공명심'이라는 화두로 스스로를 돌아보았고, 돌아보다보니 진짜 내가 보이기 시작했다. 앞에서 나는 어릴 때부터 언제나 나 자신을 영화나 소설의 캐릭터로 상상하면서 살아왔다고 말했다. 법조인이 되면서는 〈어 퓨 굿 맨〉의 톰 크루즈가 맡은 캐릭터에 나를 대입하고, 법원행정처로 발령받자 〈웨스트 윙〉의 멋진 참모 캐릭터들에 나를 대입하는 식으로. 나는 이야기 중독자였다. 실제로 세상을 바꾸는 일, 즉 넓은 의미의 정치보다는 나 자신을 주인공으로 한 '이야기'에 더 관심이 있었다. 나는 멋진 이야기 속 멋진 캐릭터로 살아가고 싶었다. 실제로 세상을 바꾸기 위해 똥밭에 구르고, 필요하다면 더러운 타협도 하고, 지긋지긋한 인간들한테 집요한 인신공격을 당하는 등의 희생을 할 의지는 없었다. 나는 독립영화나 다큐가 아니라 할리우드 영화 속 캐릭터가 되고 싶었다. 그 욕심이 공명심이라면, 부인할 수 없다. 내가 파트타임으로만 정의로운 데는 다 이유가 있었던 것이다.

　나 자신의 밑바닥을 정확히 보게 되자 오히려 마음이 편해졌다. 그렇다면 내 본질에 더 맞는 삶을 살면 되지 않을까. 이야기 중독자라면 리얼 월드에서 코스프레하며 살 것이 아니라 허구의 세계에서 이야기를 만드는 이야기꾼으로 살아가는 편이 낫지 않을까. 나는 어떤 점에서는 양승태 대법원에 감사한다. 나의 본질을 깨닫게 만들어주고, 그에 걸맞은 새로운 삶으로 떠나도록 등을 떠밀어주었으니 말이다.

나는 이제 뼛속까지 프로 이야기꾼으로 살아간다. 이 책에 법원에서의 일을 적은 이유도 마찬가지다. 혹자는 그 부분들을 일종의 내부 고발로 생각할 것이고, 혹자는 법원 개혁을 위한 쓴소리로 생각할지 모르겠다. 하지만 둘 다 아니다. 나는 단지 그 이야기들이 나름대로 '좋은 이야기'라는 생각이 들어서 쓴 것이다. 한계가 분명하고 모순적인 주인공 캐릭터가 있고 인간사회 어디에나 있을 법한 서사가 있다. 패배에 가까운 플롯 같지만 보기에 따라서는 새로운 시작으로 연결되는 낙관적인 플롯이기도 하다. 내가 좋아하는 영화 〈트루먼 쇼〉처럼.

내가 크리에이터를 맡은 디즈니플러스 드라마 〈비질란테〉 방영을 앞두고 오랜만에 신문 인터뷰를 했다. 그때 받은 마지막 질문은 '작가로서의 삶은 행복한가?'였다.

대답은 이랬다.

"원했던 자유를 누린다는 점에선 좋지만, 판사 시절이 더 행복하긴 했다. 행복도의 차이라는 것은 결국 젊음의 유무에 달린

일 같다. 판사 시절엔 내가 더 젊었고 뜻맞는 선후배들과 함께 있어 정말 행복했다. 그러나 갑작스레 큰 실망감을 떠안았다. 솔직히 첫사랑을 잃은 느낌이다. 이제 늙었고 혼자 글쓴다 한들 예전만큼 신명나진 않는다. 다만 이 모든 게 순리 아니겠나 생각한다."

나도 모르게 이런 대답을 하고는 스스로 놀랐다. 마음속 깊은 곳에서는 이렇게 생각하고 있었구나. 두번째 삶 초반에는 온갖 우여곡절이 있었지만 그래도 지금은 다행히 전보다 훨씬 자유롭고, 경제적으로도 풍요롭고, 일도 다이내믹하고 재미있는데. 원하는 여행도 언제든 훌쩍 떠날 수 있고 누구 눈치도 볼 필요 없는데. 첫번째 삶에서 바라던 거의 모든 것을 이루었는데도 나는 무심코 '첫사랑을 잃은 느낌'이라고 대답했다. 과거 따위 돌아보지 않는 성격이라고 생각했는데, 생각보다 더 첫번째 삶을 사랑했나보다. 다시 돌아오지 않을 젊은 시절의 미숙한 열정이 그리워서겠지만.

그러곤 깨달았다. 삶은 계속된다. 첫번째 삶과 두번째 삶은 단절된 것이 아니었다. 앞으로 내가 몇 번의 새로운 삶에 도전하며 살아간다 하더라도 이전의 생이 무의미해지는 것은 아니다. 그것이 성공이었든, 실패였든.

최근 어떤 강연 자리에서 한 젊은 법조인이 물었다. 언젠가 나처럼 다른 직업에 도전할 꿈이 있는데, 어떻게 하면 성공적인 두번째 삶을 미리 준비할 수 있겠느냐고. 나는 대답했다. 우선 첫번째 삶을 최선을 다해서 살아야 두번째 삶이 있는 것 같다, 나의 경우 판사로서 가장 치열하게 고민하고 정성을 다했던 일들이 나중에 글의 씨앗이 되더라, 처음부터 작가가 되는 게 목적이었으면 진심을 다하지 못했을 거다.

"삶은 언제나 글보다 크다"라고 『쾌락독서』에 쓴 적이 있다. 나는 나의 모든 부족함과 치기, 어리석음에도 불구하고 첫번째 삶을 사랑하고, 그것을 바탕으로 두번째 삶을 살아갈 것이다. 그리고 좋은 것들만, 특히 감사했던 인연들만을 오래오래 간직할 것이다.

이 책 서두에 내가 법원을 떠나던 마지막날, 법원 게시판에 올린 마지막 편지를 실었다.

초임판사로 이 건물에 발을 디딘 게 엊그제 같은데 어어 하다 보니 23년이 지났네요.
여러분, 시간이 이렇게 무섭습니다.
오늘 놀 일을 내일로 미루지 마십시오.
시간의 흐름 속에 크고 작은 일들은 다 흘러가고 남는 건
사람들과 함께한 기억뿐인 것 같습니다.
저는 전생에 법원을 구한 건지 어느 한 해도 예외 없이
좋으신 부장님, 배석판사님, 참여관님, 실무관님, 부속실 행정

관님, 경위님, 속기사님 들과 함께 일하는 행복을 누렸습니다.
확률의 법칙상 말이 안 된다 싶어 미운 얼굴을 한 명쯤
떠올리려 애써보아도 없네요.
여러분 덕분에 지나치게 개인주의적이고 공명심도 많은,
부족하고 흠 많은 제가 23년이나 일할 수 있었던 것 같습니다.
고맙습니다.
부디 건강하십시오.

문유석 올림

시간이 흐른 뒤 나는 멋진 답장을 받았다.
선배 부장판사 한 분이 내 마지막 편지에 대한 법원 구성원들의 댓글을 모두 모아 보내준 것이다.

- 인천법원에서 합창단 공연했던 때가 엊그제 같은데 벌써 5년이라는 시간이 훌쩍 흘렀네요~ 어느 곳에 계시든 건강하시고 늘 응원하겠습니다.
- 이제 진정한 개인주의자가 되시는 건가요? 서울동부지방법원에서 함께 지내던 시간이 참 그립네요~ 오늘 놀 일을 내일로 미루지 않기 위해 저도 열심히 살겠습니다. 부장님 어디에 계시든지 그 총명함과 기발함과 따뜻한 유머로 현생의 세상

도 구해주세요.

- 퇴직 인사도 부장님다우세요. 법원 밖에서 더 자유롭고 멋지게 비상하시겠지요? 수고 많으셨습니다. 부장님. 새 시작을 축하드립니다.

- 초임판사 때 어리바리 법원생활에 적응해가면서 부장님의 「초임부장 일기」 연재를 기다리던 애독자인데, 법원을 떠나신다니 많이 아쉽습니다. 어디에서건 건강하고 행복하게 지내시기를, 그리고 계속해서 독자로서 만나뵐 수 있기를 바라겠습니다.

- 부장님을 떠나보내고, 법원이 나라를 팔아먹었나봐요. 내일도 꽃길만 걸으시길 바랍니다.

   끝도 없이 이어지는 댓글을 하나하나 읽으며 콧등이 시큰했고, 미소를 지었고, 뭉클했다. 결국 사람 때문에 힘들고, 사람 때문에 힘이 난다. 내게 상처를 준 사람들보다 미소를 준 사람들이 백배는 많았다. 나는 과분할 만큼 부자였다. 역시 전생에 뭐라도 구하긴 구한 게 틀림없어.

   나는 내 첫번째 삶을 함께해주었던 이들의 마지막 인사말들을 소중히 간직하고 있다. 두번째 삶에서도 그들에게 부끄럽지 않게 살기 위해서다. 조금씩은 더 잘해보고 싶다. 앞으로도 계속될 새로운 삶들에서.

## 나로 살 결심
### 개인주의자 문유석의 두번째 선택

ⓒ 문유석 2025

1판 1쇄 2025년 11월 14일
1판 3쇄 2025년 11월 30일

지은이 문유석
책임편집 권한라 | 편집 이희연 고아라 김혜정 염현숙
디자인 최윤미 이주영 | 저작권 박지영 형소진 주은수 오서영 조경은
마케팅 정민호 서지화 한민아 이민경 왕지경 정유진 한경화 정경주 김혜원 김예진 이서진
브랜딩 함유지 박민재 이송이 박다솔 조다현 김하연 이준희
제작 강신은 김동욱 이순호 | 제작처 영신사

펴낸곳 (주)문학동네 | 펴낸이 김소영
출판등록 1993년 10월 22일 제2003-000045호
주소 10881 경기도 파주시 회동길 210
전자우편 editor@munhak.com
대표전화 031) 955-8888 | 팩스 031) 955-8855
문학동네카페 http://cafe.naver.com/mhdn
인스타그램 @munhakdongne | 트위터 @munhakdongne
북클럽문학동네 http://bookclubmunhak.com

ISBN 979-11-416-1399-0 03810

* 이 책의 판권은 지은이와 문학동네에 있습니다.
  이 책 내용의 전부 또는 일부를 재사용하려면 반드시 양측의 서면 동의를 받아야 합니다.

잘못된 책은 구입하신 서점에서 교환해드립니다.
기타 교환 문의 031)955-2661, 3580

www.munhak.com